KB211005

노인과 바다

노인이 소년에게 남기고 싶은 것

노인과 바다

ⓒ 고민곤, 2022

초판 1쇄 발행 2022년 7월 15일

지은이   고민곤
펴낸이   이기봉
편집   좋은땅 편집팀
펴낸곳   도서출판 좋은땅
주소   서울특별시 마포구 양화로12길 26 지월드빌딩 (서교동 395-7)
전화   02)374-8616~7
팩스   02)374-8614
이메일   gworldbook@naver.com
홈페이지 www.g-world.co.kr

ISBN   979-11-388-1108-8 (03230)

노인이 소년에게 남기고 싶은 것

노인과 바다

고민곤 지음

노인은 바다에서 오디세우스(Odysseus)처럼 물질적 이익이나 모험을 추구하지 않고 돈키호테(Don Quixote)처럼 자신을 기만하지 않는다.

대신 노인은 바다 한가운데서 모든 생명체가 완벽히 서로 간에 얽혀있으며 그 생명체들은 자연계의 포식자(Predator)이거나 먹잇감(Prey)이라는 것을 안다. 인간 사회보다도 더 큰 자연계에서 노인은 외로운 인간의 대표자이다.

좋은땅

_____에게

_____드림

작가가 젊은이들에게 남기고 싶은 말

하나님은 왜 자신이 창조한 인간에게 고통을 주었을까요? 이해가 안되는 일입니다. 부모가 돼서 어떻게 내가 낳은 아이에게 고통을 줄 수 있을까요?

성경에 욥(Job)이란 인물이 있습니다. 하나님과 사탄(Satan)은 시험을 하기로 하고 욥에게 고통을 줍니다. 물론 이 같은 사실을 욥은 알지 못합니다. 욥은 자신이 왜 이런 고통을 당하는지 알지 못합니다. 자신이 잘못 살아온 것도 없고, 남에게 피해를 준 것도 없고, 하나님을 경외하지 않은 것도 아니었습니다. 욥은 그 이유를 도무지 알 수 없어 답답했습니다. 그러나 욥이 마침내 하나님과 마주했을 때 욥은 아무 말도 하지 않았습니다. 그의 침묵은 그가 지금까지 겪어 왔고 인내해 왔던 고통과 손실 등이 중요하지 않다는 것이 아니었습니다. 비록 자신이 이런 고통을 겪어야만 하는 이유도 모르지만 자신이 신뢰하는 하나님의 목적이 중요하다고 생각한 것입니다.

욥은 왜 자신이 수많은 고통을 당하는지 그 이유를 알 수는 없으나 자신이 겪는 고통에 하나님의 의도와 목적이 있다는 것을 알고 있었습니다. 사랑하는 아내와 자식들이 죽거나 자신의 소중한 자산을 잃거나 자신의 육체와 정신이 파괴될 때 우리는 신의 의도와 목적을 헤아리는 여유와 시간을 갖지 못하고 그 고통 안에서 침울해 합니다. 인간들이 경험하는 고통은 신의 지혜의 일부분입니다. 결국, 우리는 우리가 겪는 고통의 구체적인 이유에 대해서 알지 못한다는 사실을 알게 됩니다. 인간의 고통에 대한 답을 아는 이는 하나도 없습니다. 『노인과 바다』에서 노인은 힘든 환경에서도 "파괴될 수는 있어도 패배할 수는 없다(man is not made for defeat…… A man can be destroyed but not defeated)."라고 외칩니다. 인간을 위대하게 만든 것은, 하나님이 당신의 목적과 의도를 인간에게 알려주지 않고 인간이 자신의 상황을 스스로 인식하고 행동하도록 했기 때문 아닐까요?

하나님이 인간에게 고통을 허용한 것은 인간을 괴롭히고 파괴하고자 하는 목적이 아닌 것 같습니다. 역설적으로 인간을 사랑하기 때문에 인간에게 고통을 준 것입니다. 인간에게 고통이 없다면 인간은 어땠을까요? 편안한 생활은 가능하지 몰라도 성장은 없을 것 같습니다. 그래서 삶의 순간순간마다 맞이하는 어려움, 시험, 고통을 어떻게 받아들이느냐가 중요합니다. 부정적으로 받아들이기보다 긍정적인 생각으로 받아들이고 대처하는 것이 현명한 게 아닌지, 그리고 그것이 신의 목적과 의도가 아닐까 생각합니다.

노인이 소년에게 남기고 싶은 것은 어떤 것일까요? 노인은 죽을힘을 다해, 목숨을 다해 끝까지 싸워서 정신적인 성취(epic catch)를 얻었습니다. 젊은 어부들과 달리 자연과 공존하면서 자기 일을 성취했습니다. 단순히 큰 고기를 잡아서 보여 주겠다는 생각보다는 모든 과정을 소년에게 전해 주고 싶은 것입니다. 노인은 자신의 성취와 자신이 경험한 모든 고통뿐만 아니라 그 고통으로 인한 신체적, 정신적인 충격과 젊은 어부들에게 당한 수모까지도 소년에게 남기고자 했습니다.

이런 심정으로 자신 앞에 놓인 고난과 고통을 극복해야 한다는 생각에 노인은 파괴될 수는 있어도 패배할 수는 없다는 다짐을 하게 됩니다. 이와 같은 결연한 정신은 노인에게 주어진 엄중한 고통에서 나온 것입니다. 고통은 인간을 약하게 하는 것이 아니고 인간을 강하고 위대하게 만들어 주는 것입니다.

목차(Contents)

1. Part one : On Land – A Brief Summary

노인(Santiago)은 84일간 고기 한 마리도 잡지 못하고 빈 배로 그가 사는 쿠바의 조그만 어촌에 있는 집으로 돌아온다. 노인이 다섯 살부터 소년에게 고기 잡는 법을 가르쳐 주었지만 40일간 고기 한 마리도 잡지 못하자 소년의 아버지(Manolin's father)는 소년(Manolin)에게 다른 배를 타라고 말하고, 소년은 다른 배를 타게 된다.

He was an old man who fished alone in a skiff in the Gulf Stream and he had gone eighty-four days now without taking a fish. In the first forty days a boy had been with him. But after forty days without a fish the boy's parents had told him that the old man was now definitely and finally salao, which is the worst form of unlucky, and the boy had gone at their orders in another boat which caught three good fish the first week.[1]

---

1) Ernest Hemingway, *The Old Man and the Sea*, SCRIBNER PAPERBACK FICTION Simon & Schuster Inc., 1995, p.9. 이하 인용문 끝에 괄호로 표시.

저녁에 소년은 감아 놓은 낚싯줄, 갈퀴, 작살, 돛 등의 장비를 집으로 나르는 것을 돕기 위해서 노인의 집으로 간다. 노인은 볼 때마다 고기를 잡지 못해 슬퍼하고 있다. 헤밍웨이는 돛을 통해서 노인의 현재 상태를 잘 말해 준다. 그 돛은 밀가루 부대 조각으로 여러 군데 기운 것이었는데 돛대에 둘둘 말려 있는 모양은 마치 영원한 패배의 깃발 같아 보였다.

It made the boy sad to see the old man come in each day with his skiff empty and he always went down to help him carry either the coiled lines or gaff and harpoon and the sail that was furled around the mast. The sail was patched with flour sacks and, furled, it looked like the flag of permanent defeat. (9)

나이 먹고 어부로서 성공적이지 못하고 물질적으로 매우 힘든 상황이지만 그의 눈빛만큼은 살아 있고 이는 젊은 어부들 못지않게 젊다. 자신의 몸 상태와 돛처럼 연약하고 힘없는 상태와는 정반대로 강인하고 지칠 줄 모르는 상황이다. 소년은 함께 고기 잡았던 시절을 상기시키면서 노인을 기쁘게 해 주려고 노력했다. 예전에 고기 한 마리도 잡지 못하다가 3주 동안 큰 고기를 잡았던 것을 상기시키면서 어떻게 해서라도 노인에게 정신적으로 힘을 주려고 노력한다.

Everything about him was old except his eyes and they were the same color as the sea and were cheerful and undefeated.

"Santiago," the boy said to him as they climbed the bank from where the skiff was hauled up. "I could go with you again. We've made some money."

The old man had taught the boy to fish and the boy loved him.

"No," the old man said. "You are with a lucky boat. Stay with them."

"But remember how you went eighty-seven days without fish and then we caught big ones every day for three weeks." (10)

집에 오는 길에 소년은 테라스에서 노인을 위해서 맥주를 산다. 어떤 어부들은 노인을 비웃고 어떤 어부들은 노인이 안됐다고 생각한다. 그리고 그들이 바다에서 보았던 것들과 그들이 낚시한 곳의 깊이와 해류에 관해서도 이야기한다. 또한, 그날 낚시를 성공적으로 한 어부들은 상어 공장에 상어를 가져가고 큰 고기를 잡은 사람은 생선 가게에 가져간다.

"Can I offer you a beer on the Terrace and then we'll take the stuff home."

"Why not?" the old man said. "Between fishermen."

They sat on the Terrace and many of the fishermen made fun of the old man and he was not angry. Others, of the older fishermen, looked at him and were sad. But they did not show it and they spoke politely about the current and the depths they had drifted their lines at and the steady good weather and of what they had seen. The successful fisherman of that day were already in and had butchered their marlin out and carried them laid full length across two planks, with two men staggering at the end of each plank, to the fish house where they waited for the ice truck to carry them to the market in Havana. Those who had caught sharks had taken them to the shark factory on the other side of the cove where they were hoisted on a block and tackle, their livers removed, their fins cut off and their hides skinned out and their flesh cut into strips for salting. (11)

"내일 사용할 미끼로 이용할 정어리 잡아 줄까요?"라는 소년의 말에 노인은 괜찮으니 나가서 야구 놀이나 하라고 한다. "아직은 힘이 있고 로헬리오가 도와줄 것이니 걱정하지 말아라." 소년이 그래도 도와드리고 싶다고 하니 노인은 "이미 나에게 맥주를 사 주고 있잖니? 이제 너도 어른이구나."라고 칭찬한다. 문득 소년이 이렇게 묻는다. "저를 처음 배에 태우고 바다에 나간 때가 언제인가요?" "다섯 살 때지." 노인과 소년은 그때 고기 때문에 죽을 뻔했던 일을 비롯한 예전의 일들을 회상했다.

"Can I go out to get sardines for you for tomorrow?"

"No. Go and play baseball. I can still row and Rogelio will throw the net."

"I would like to go. If I cannot fish with you, I would like to serve in some way."

"You bought me a beer," the old man said. "You are already a man."

"How old was I when you first took me in a boat?"

"Five and you nearly were killed when I brought the fish in too green and he nearly tore the boat to pieces. Can you remember?"

"I can remember the tail slapping and banging and the thwart breaking and the noise of the clubbing. I can remember you throwing me into the bow where the wet coiled lines were and feeling the whole boat shiver and the noise of you clubbing him like chopping a tree down and the sweet blood smell all over me."

"Can you really remember that or did I just tell it to you?"

"I remember everything from when we first went together." (13)

노인은 잠을 잘 때 여자, 폭풍우, 큰 고기에 관한 꿈을 꾸지 않는다. 삶의 도전이나 모험은 더 이상 자신의 것이 아니므로 그렇다. 또한 소년은 노인이 알 수 없는 미래의 부분이기 때문에 노인은 소년에 관해 꿈을 꾸지 않는다. 대신 소년의 나이였을 때 그가 항해했던 아프리카의 해변에 있는 젊은 사자(Young Lions)를 꿈꾼다. 노인은 그가 소년을 사랑하는 것처럼 젊은 사자를 좋아한다. 노인이 소년을 자식처럼 사랑하고 소년이 노인을 부모처럼 따르고 보살핀 것은 서로에게서 자신의 모습을 보기 때문이다.

He no longer dreamed of storms, nor of women, nor of great occurrences, nor of great fish, nor fights, nor contests of strength, nor of his wife. He only dreamed of places now and of the lions on the beach. They played like young cats in the dusk and he loved them as he loved the boy. (25)

다음 날 아침 노인은 소년을 깨운다. 그리고 노인은 커피를 마시고 소년은 정어리와 미끼로 쓸 고기 두 마리를 신문지에 싸서 돌아왔다. 소년은 배가 물 위에 뜨도록 배를 미는 것을 도왔다. "행운을 빕니다." "너에게도 행운을 빈다." 물속에 노를 담그면서 노인은 항구 밖으로 배를 저어 나가기 시작한다.

The boy was back now with the sardines and the two baits wrapped in a newspaper and they went down the trail to the skiff, feeling the pebbled sand under their feet, and lifted the skiff and slide her into the water. "Good luck, old man."

"Good luck," the old man said. He fitted the rope lashing of the oars onto the thole pins and, leaning forward against the thrust of the blades in the water, he began to row out of harbour in the dark. (28)

| Part One Commentary

　작품의 초반부인 육지에서(On Land) 부분은 소설의 발단에 해당한다. 주인공의 등장과 등장인물들이 소개되고 이 작품의 배경이 어디이며 어떤 일들이 벌어질 예정인지를 암시해 준다. 그리고 작품의 서술기법을 볼 수 있다.

　등장인물로는 노인(Santiago)과 소년(Manolin)이 주요 인물로 등장한다. 특히 노인은 이 소설의 주동 인물(Protagonist)이다. 고기잡이에 관한 모든 것을 소년에게 알려 주는 헌신적인 어부이다. 그리고 노인은 84일간 고기 한 마리도 잡지 못한, 가난하면서도 늙은 어부이다. 소년은 다섯 살 때부터 노인에게서 고기 잡는 것을 배우고 노인을 잘 보호해 주는 어촌마을의 젊은이다. 노인이 고기를 잡지 못하자 소년의 부모는 노인보다 운이 좋은 다른 어부와 고기잡이를 시작하라고 지시한다. 또한, 노인과 정반대인 젊은 어부들이 등장한다. 그들은 노인과 달리 실용적인 어부들(Pragmatic Fishermen)이다. 그들은 기계화된 배를 사용하고 기술과 자연을 무시하는, 물질주의를 고수하는 어부들이다.

1) 노인(Santiago)

　노인은 자신의 신념으로 살아가면서 역경을 견뎌 내는 행동하는 사람(남자, A Man of Action)으로, 헤밍웨이의 문학의 전형적인 인물이다. 소년이 노인의 눈을 관찰할 때 눈이 정상이라는 것을 알았을 때 노인은 자기 자신을 "I am a strange old man."(14)라고 일컬었다.

여기서 'strange'는 그 사회에서 인습에 얽매이지 않는다는 의미이다. 많은 젊은 어부들이 물질을 추구하고 모터를 장착해서 빠르고 쉽게 하는 방식을 추구하지만, 노인은 자연과 자신을 하나로 인식하고 기계보다 자신이 터득한 기술과 용기와 지혜를 이용해서 어업을 한다.

노인은 생존과 물리적 획득을 위해서 자기 일에 열정과 그 일을 수행하는 데 충실했다. 소년이 노인에게 신선한 미끼를 사용하라고 권하자 노인은 체면 때문에 관습적으로 저항하지만 결국에는 소년의 제안을 받아들인다. 노인은 소년의 제안을 받아들이고 그 제안을 수용하는 것이 자부심의 손상을 가져온다고 생각하지 않는다.

"May I get the sardines? I know where I can get four baits too."

"I have mine left from today. I put them in salt in the box."

"Let me get four fresh one."

"One," the old man said, His hope and confidence had never gone, But now they were freshening as when the breeze rises.

"Two," the boy said.

"Two," the old man agreed. "You didn't steal them?"

"I would," the boy said. "But I bought these."

"Thank you," the old man said. He was too simple to wonder when he had attained humility. (13)

"Are his eyes that bad?"

"He is almost blind."

"It is strange," the old man said. "He never went turtle-ing. That is what kills the eyes." "But you went turtle-ing for years off the Mosquito Coast and your eyes are good." "I am a strange man."

"But are you strong enough now for a truly big fish?"

"I think so. And there are many tricks." (14)

2) 상어 공장(Shark Factory) VS 상어(Sharks)

헤밍웨이는 앞부분에서 상어 공장과 생선 가게를 언급함으로써 앞으로 이 글의 주제를 뒷받침해 주는 주제들을 도입한 이후에 중심 주제를 확대한다. 큰 고기와 상어에 관한 기술은 앞으로 노인의 전투에 대한 조짐을 보여 줄 뿐만 아니라 자연이라는 세계에서 질서와 그 속에서 인간의 역할이 어떤 것인지에 대해 나타낸다.

그런 관점에서 기술에 의존하고 직업에 충실한 노인과 같은 어부는 자연계의 질서(Natural Order)의 일부이다. 이와 달리 상어 공장과 생선 가게의 묘사는 쿠바의 변화하는 사회·경제적인 여건과 어촌의 문화가 착취하는 어업으로 전환되는 상황을 보여 준다. 젊은 어부들은 이런 변화에 능동적으로 대처하면서 노인들과 대비적인 면을 보여 준다.

이 같은 상황은 옛날 경제와 새로운 경제, 돈에 의해서 동기부여가 되는 기계화된 어부와, 자신들을 자연계의 질서의 일부분이며 삶의 정신적인 방법으로 인식하고 자신의 직업에 헌신하는 기술을 의식하는 어부들 사이의 갈등을 만들어 낸다.

3) 노인 VS 젊은 어부들

84일간 고기 한 마리도 잡지 못한 노인과 매일 많은 상어와 고기를 잡아서 생선 가게로 가져가는 어부들은 매우 상반된 장면을 연출하고 있다. 작가는 성공한 어부들(The Successful Fishermen)이란 어떤 어부인지 작품의 초반에 대화를 통해서 보여 준다. 노인을 성공한 어부들에 비교하면서 다른 어부들이 비웃고, 반응은 다르지만 노인을 측은하게 보는 어부들도 있고, 애써 다른 화제로 이야기를 돌리는 인정이 있는 어부들도 있다. 그렇지만 같이 다니는 소년은 그런 노인에 대해 전혀 개의치 않고 노인에게 전폭적인 지지를 보내는 유일한 조력자이다. 작가는 이 작품을 통해서 성공한 어부는 어떤 어부인지, 어떻게 해야 성공한 어부가 되는지에 대해 작품을 통해서 말하고자 한다. 젊은 어부들처럼 고기를 많이 잡아서 돈을 많이 버는 어부가 성공한 어부인지 아니면 노인처럼 자신의 방식을 고집하면서 자신 또한 자연의 한 부분이고 그래서 서로 간에 조화를 이루면서 어부 생활을 하는 것이 성공한 어부인지 생각하게 하는 대목이다.

더욱 생산적인 배에서 아들이 어업을 해야 한다고 주장하는 소년의 아버지와 테라스에서 노인을 비웃는 젊은 어부들은 실용적이고 실질적인 사람들이다. 소년의 아버지는 더 많은 고기를 잡는 배에서 아들이 고기 잡는 법을 배우기를 원한다. 소년의 아버지와 젊은 어부들은 새로운 물질주의 세계에서 자신들이 발전적으로 일한다고 생각하고 열심히 노력한다. 반면에 노인을 존경하는 늙은 어부들과 먹을 것, 신문, 조그만 지원의 징표들을 제공하는 가게주인은 이상주의자들이다. 그들은 옛날 방식을 보전하는 일에 헌신한다. 그리고 그들은 인간의 영혼을 풍요롭게 하고 물질적인 이득 저 너머에 있는 어떤 것을 위해서 노력한다.

4) 노인과 소년

노인과 소년에게서는 마치 아버지와 아들의 관계처럼 서로 생각해 주고 아끼는 감정을 볼 수 있다. 소년은 마치 아버지를 섬기는 것 같은 애정을 가지고 노인을 대한다. 소년은 노인이 다른 어부들에게서 비웃음을 사고 힘들어하는 모습을 슬퍼한다. 노인은 소년이 자기를 보살피고 자기를 위해서 왔다 갔다 하는 모습이 좋지 않아서 나가서 야구나 하면서 너의 시간을 갖고 생활하라고 말한다. 작품 초반에서는 노인과 소년, 소년과 노인의 관계를 알 수 있다. 작가는 작품이 전개되면서 노인이 소년에게 어떤 존재이고, 소년은 노인에게 어떤 존재이며, 특히 노인은 소년에게 남기고 싶은 것이 무엇인지에 대해서 궁금하게 한다.

5) 배경과 서술기법

중편소설(Novella)의 앞부분은 쿠바의 조그마한 어촌마을의 육지에서 일어난 일을 담고 있다. 또한, 이 소설의 앞부분은 이야기가 화자에 의해서 중요한 관점이 제시되고, 각각의 등장인물들이 생각하고 느끼는 것을 포함하여 이야기의 세계에서 일어나는 모든 것을 보고 알게 되는 서술인 전지적 서술(Omniscient Narrator)이다. 즉 전지적 서술에서 화자(Narrator)의 진술을 통해서 노인의 생각을 독자들이 알 수 있게 한다. 그래서 소설 앞부분은 노인의 수요일 날 아침 항해에서 엄청난 시련을 맞을 것이라는 암시를 준다.

이 소설의 앞부분에서는 종교적인 이미지와 암시가 등장한다. 노인은 40일간 고기를 잡지 못하자 소년의 아버지는 노인이 운이 없으므로 다른 배를 타라고 지시한다. 여기에서 40이란 숫자는 바다의 배에서 고난을 참고 사회와 격리를 인내해야 하는 노아의 이야기를 나타낸다. 또 한편으로 이스라엘 아이들은 약속의 땅으로 인도하고 본인은 그곳에 거주하지 못하는 모세(Mose)를 나타내기도 한다. 소년이 다른 배에서 첫날 세 마리의 고기를 잡은 것은 모세가 바위를 치기 전에 이스라엘 백성들이 물도 없이 행진한 것 또는 삼위일체 아니면 물고기와 떡으로 예수님이 제자들과 많은 사람을 먹인 이야기를 나타내기도 한다.

2. Part Two : The Journey Out - A Brief Summary

어두운 이른 아침 노인은 혼자서 바다를 향해 노를 저어 갔다. 그는 다른 어부들이 그들의 배를 가지고 떠나는 소리를 듣는다. 그러나 어둠 속에서 그들을 볼 수는 없었다. 노인은 만의 해초를 지나 많은 물고기와 바다의 생물체들이 모여 있는 깊은 곳 중의 하나를 지났다. 그는 넓은 곳에서 장기간 고기를 잡지 못한 깊은 그곳에서 낚시했다. 노인은 그날 큰 고기를 잡기 위해 바다 멀리 나갈 계획이었다.

He saw the phosphorescence of the Gulf weed in the water as he rowed over the part of the ocean that the fishermen called the great well because there was a sudden deep of seven hundred fathoms where all sorts of fish congregated because of the swirl the current made against the steep wallls of the floor of the ocean. (28)

노를 저으면서 노인은 친구라고 생각한 날치(Flying Fish) 소리도 들었다. 노인은 제비갈매기(Tern)를 불쌍히 여겼다. 제비갈매기는 먹을 것을 열심히 찾아다니지만 쉽게 찾지 못한다. 노인은 아름답지만 잔인한 바다를 극복해야 하는 연약한 바닷새에 대해 동정심을 느꼈다.

He was very fond of flying fish as they were his principal friends on the ocean. He was sorry for the birds, especially the small delicate dark terns that were always flying and looking and almost never finding, and he thought, the birds have a harder life than we do except for th robber birds and heavy strong ones. (29)

바다를 라마르(La Mar), 즉 여성이라고 생각하는 노인은 상어 간을 판 돈으로 산 모터보트와 부표에 낚싯줄을 띄우는 젊은 어부들과 자신의 차이점에 대해 생각해 봤다. 젊은 어부들은 바다를 남성(El Mar)으로 본다. 젊은 어부들은 배에 모터를 장착해서 많은 고기를 잡고 그 고기를 팔아서 그 지역에서 성공한 어부들로 일컬어지고 있다. 젊은 어부들은 바다를 투쟁의 대상 혹은 적으로까지 생각한다. 노인과 매우 대조적인 인생관과 직업의식을 가진 어부들이라 볼 수 있다.

He always thought of the sea as la mar which is what people call her in Spanish when they loved her. Sometimes those who love her say bad things of her but they are always said as though she were a woman. (29)

Some of the younger fisherman, those who used buoys as floats for their lines and had motorboats, bought when the shark livers had bought much money, spoke of her as el mar which is masculine. They spoke of her as a contestant or a place or even an enemy. But the old man always thought of her as feminine and as something that gave or withheld great favours, and if she did wild or wicked things it was because she could not help them. The moon affects her as it does a woman, he thought. (30)

노인은 해류를 따라 편안히 노를 저었다. 수면이 잔잔해서 힘들지 않았다. 3분의 1은 조류의 힘으로 나아갔다. 그래서 날이 밝을 때 예상했던 거리보다 많이 나왔다. 노인은 미끼를 정확히 매달았다. 그리고 큰 고기가 좋아하는 냄새와 맛을 느낄 수 있게 하려고 낚싯바늘을 숨겼다. 노인은 그가 전에 사용했던 갈전갱이류(Yellow Jack)와 푸른 전갱이를 사용했다. 그리고 여기에다 이 미끼들이 매력적이고 좋게 보이기 위해서 정어리(Sardines)를 사용했다. 300길(Three Hundred Fathoms) 이상 끌고 가도 괜찮을 수 있게 여분의 밧줄을 준비해 놓았다. 미끼와 밧줄을 충분히 준비해서 어떤 경우에라도 문제가 생기지 않도록 준비를 해 놓았다.

He was rowing steadily and it was no effort for him since he kept well within his speed and the surface of the ocean was flat except for the occasional swirls of the current. He was letting the current do a third of the work and as it started to be light he saw he was already further out than he had hoped to be at this hour. (30)

Each bait hung head down with the shank of the hook inside the bait fish, tied and sewed solid and all the projecting part of the hook, the curve and the point, was covered with fresh sardines. Each sardine was hooked through both eyes so that they made a half-garland on the projecting steel. There was no part of the hook that a great fish could feel which was not sweet smelling and good tasting. (31)

Each line, as thick around as a big pencil, was looped onto a green-sapped stick so that any pull or touch on the bait would make the stick dip and each line had two forty-fathom coils which could be made fast to the other spare coils so that, if it were necessary, a fish could take out over three hundred fathoms of line. (31)

낚시할 때 다른 어부들이 낚싯줄을 해류에 맞춰 둔다는 것을 알지만 노인은 다른 사람들보다 줄을 일직선으로 유지하는 것에 대해 자부심이 있다. 이와 같은 정확성에도 불구하고 그가 운이 없다는 것을 노인은 마지못해 인정했다. 그렇지만 행운이 따르는 것도 좋지만 행운이 찾아왔을 때를 준비하기 위해서 노인은 정확한 것을 선호했고 하루하루가 새로운 날이라는 것을 본인에게 상기시킨다. 노인은 이른 아침에 태양이 본인의 눈을 상하게 했다는 것을 생각한다. 그러나 그의 눈은 아직 나쁘지 않았고 특히 저녁에도 태양을 볼 수 있다.

But, the thought, I keep them with precision. Only I have no luck anymore. But who knows? Maybe today. Every day is a new day. It is better to be lucky. But I would rather be exact. Then when luck comes you are ready. (32)

All my life the early sun has hurt my eyes, he thought. Yet they are still good. In the evening I can look straight into it without getting the blackness. It has more force in the evening too. But in the morning it is painful. (33)

노인은 눈앞에서 군함새(Man of War Bird)들이 하늘에서 빙빙 도는 모습을 보았다. 그의 경험과 기술을 통해서 새들이 날치 떼를 따라다니고 그 뒤를 돌고래들이 추적한다는 것을 잘 알고 있다. 노인은 자연과 함께 일한다. 그리고 새들이 인도하는 그곳에서 낚시한다. 그러나 노인이나 새 모두 행운이 따르지 않는다. 날치가 새들보다 너무 빠르게 움직이기 때문에 돌고래 무리도 매우 빠르게 움직인다. 노인은 그중에 뒤처진 것을 잡을 수 있을 것이라는 생각과 희망을 품지만, 돌고래들은 도망쳐 버린다.

Just then he saw a man-of-war bird with his long black wings circling in the sky ahead of him. He made a quick drop, slanting down on his back-swept wings, and then circled again. "He's got something," the old man said aloud. "He's not just looking."

He rowed slowly and steadily toward where the bird was circling. He did not hurry and he kept his lines straight up and down. But he crowded the current a little so that he was still fishing correctly though faster than he would have fished if he was not trying to use the birds. (33)

He watched the flying fish burst out again and again and the ineffectual movements of the bird. That school has gotten away from me, he thought. They are moving out too fast and too far. But perhaps I will pick up a stray and perhaps my big fish is around them. My big fish must be somewhere. (34)

노인은 고깔해파리가 물속에 떠 있는 것을 보았다. 노인은 조그만 물고기가 물속에 있는 것을 보고 고깔해파리의 독이 사람에게는 별 영향이 없지만, 이 조그만 물고기는 독성에 영향을 받는다는 것에 주목했다. 고기들과 일하는 동안 노인은 독성으로부터 고통과 부은 자국에서 오는 고통을 여러 번 느꼈다. 노인은 바다에서 고깔파리 무지갯빛 물거품의 아름다움이 가장 날조된 것으로 생각했다. 폭풍우가 지난 후에 그는 바다거북이 독성이 있는 것을 잡아먹거나 그 위에 올라타는 것이 얼마나 좋은지 생각한다. 노인은 거북이 잡이 할 때를 회상하면서 거북은 칼질을 해도 몇 시간 동안 심장이 뛰기 때문에 사람들이 거북에게 무자비하다는 생각을 한다. 거북과 자신의 손과 발이 비슷한 것처럼 노인은 거북과 같은 심장을 가졌다고 생각한다. 큰 물고기가 왔을 때 힘을 얻으려고 거북 알을 먹었다. 똑같은 이유로 어부들이 장비를 보관해 놓는 곳에서 상어 간 오일을 마시기도 한다. 많은 사람들이 간 오일을 원하지만, 대부분의 어부는 좋아하지 않는다. 그러나 노인은 감기와 쥐를 막아 주고 눈을 좋게 해 주고 힘을 주기 때문에 그것을 마신다.

Most people are heartless about turtles because a turtle's heart will beat for hours after he has been cut up and butchered. But the old man thought, I have such a heart too and my feet and hands are like theirs. He ate the white eggs to give himself strength. He ate them all through May to be strong in September and October for the truly big fish. (37)

He also drank a cup of shark liver oil each day from the big drum in the shack where many of the fisherman kept their gear. It was there for all fishermen who wanted it. Most fishermen hated the taste. But it was no worse than getting up at the hours that they rose and it was very good against all colds and grippes and it was good for the eyes. (37)

노인은 새가 주변에서 돌아다니는 것을 두 번째로 보았다. 그리고 공중에서 뛰는 것을 보았다. 노인은 10파운드짜리 날개다랑어(Albacore)를 잡았다. 노인은 날개다랑어를 성공적으로 배로 끌었다. 참치는 죽을 때까지 배에서 뛰었다. 노인은 좋은 미끼가 되겠다고 크게 말했다. 그리고 바다에서 자신에게 크게 말을 하는 습관이 소년이 자신에 배에 타지 않은 이후에 시작되었다는 것을 생각한다. 밤에 폭풍우로 고립되거나 필요할 때 노인과 소년이 이야기를 나눈 것을 기억한다. 대부분 어부는 바다에서 필요할 때만 이야기하는 것을 미덕으로 생각한다. 그리고 노인도 그 같은 신념을 존중한다. 그러나 그는 누구도 방해하지 않기 때문에 조심성이 없다고 생각하지 않았다. 노인은 다른 사람들이 본인이 말하는 것을 들었다면 미쳤다고 생각할 것을 안다. 그러나 그가 미쳤다 한다고 할지라도 그것은 그리 중요하지 않다고 생각했다. 부자들은 라디오를 가져와서 야구를 들을 수 있지만 노인은 가난해서 라디오를 가져올 수 없으니 남들이 어떻게 생각하든 혼자라도 자신의 생각을 말하는 것이다.

He did not remember when he had first started to talk aloud when he was by himself. He had sung when he was by himself in the old days and he he had sung at night sometimes when he was alone steering on his watch in the smacks or in the turtle boats. He had probably started to talk aloud, when alone, when the boy had left. But he did not remember. (39)

When he and the boy fished together they usually spoke only when it was necessary. They talked at night or when they were storm-bound by bad weather. It was considered a virtue not to talk unnecessarily at sea and the old man had always considered it so and respected it. But now he said his thoughts aloud many times since there was no one that they could annoy. (39)

"If the others heard me talking out loud they would think that I am crazy," he said aloud. "But since I am not crazy, I do not care. And the rich have radios to talk to them in their boats and to bring them the baseball." (39)

노인은 자신이 해야 할 일에 집중하지 않고 야구를 생각한 것에 대해 자신을 질책했다. 노인은 물고기가 빠르게 움직이며 북동쪽으로 이동하자 자기 생각을 버리고 자신이 본 것에 생각을 집중했다. 그는 그것이 나쁜 날씨의 징조인지 아니면 그 밖의 다른 징후인지 확실하지 않지만, 그는 계속 주목했다. 또한, 그는 가장 높은 언덕에서 거의 볼 수 없는 먼 바다까지 왔다는 것을 알게 되었다. 그리고 만약 고기가 물면 발에 있는 줄이 자신을 깨울 것이라는 생각으로 노인은 잠시 낮잠을 자고 싶은 유혹을 느낀다. 85일간 고기를 잡기 위해 노력한 것을 생각하며 참는 와중에 노인은 초록색 막대기가 순간적으로 들어가는 것을 목격했다.

Now is no time to think of baseball, he thought. Now is the time to think of only one thing. That which I was born for. There might be a big one around that school, he thought. I picked up only a straggler from the albacore that were feeding. But they are working far out and fast. Everything that shows on the surface today travels very fast and to the north-east. Can that be the time of day? Or is it some sign of weather that I do not know? (40)

I could just drift, he thought, and sleep and put a bight of line around my toe to wake me. But today is eighty-five days and I should fish the day well. Just then, watching his lines, he saw one of the projecting green sticks dip sharply. (41)

| Part Two Commentary

이 소설의 구성은 세 부분으로 나눌 수 있다. 육지에서 바다 그리고 바다에서 육지로 다시 귀환하는 순환적인 여행이다. 계절의 변화 아니면 먹이 사슬에서 생물체들의 상호의존과 같은 이 순환적인 여행은 인간 삶의 순환과 자연 세계의 다양한 순환을 보여 준다. 바다에서 일어나는 이 소설의 중간 부분은 이 소설에서 가장 다이내믹한 순간이며 가장 중심적인 활동이다.

잡으려는 노인과 도망가려는 청새치(Marlin)의 치열한 전투가 전개되고, 고기를 잡은 후에는 피 냄새를 맡고 온 상어와 고기를 지키려는 노인 사이에 싸움이 벌어지는 숨 막히는 장이다.

바다에서의 큰 전투와 노인의 여정에서 일어나는 것들을 고려해 보면 가볍게 다루어져서는 안 되는 자세한 사항들과 사실적인 묘사 등을 연구해야 한다.

소설의 첫 번째 부분에 해당하는 육지에서의 3인칭 전지적 시점이 이 소설의 두 번째 부분인 바다에서는 약간 변하기 시작한다. 여기에서 시점은 노인에게 가까이 다가가면서 이야기하는 방식인 서술태도(Narrative Modes)와 혼합되기 시작한다. 그리고 규칙성을 높이면서 노인이 마음속을 파고든다. 규칙성을 높인다는 의미는 반복적인 이야기와 혼잣말의 반복을 통해서 자신의 생각을 드러낸다는 것이다.

노인의 생각을 알아내는 움직임(방식)은 노인이 자기 생각을 크게 말하는 전통적인 의문 부호와 '그는 생각했다(He thought)', '그는 말했다(He said)'와 같은 인용구를 통해서 암시된다. 소년 없이 혼자 바다에 있을 때 자신이 큰 소리로 말하는 노인의 말에서 이와 같은 편리한 문학 장치를 찾아볼 수 있다. 다른 한편으로 서술방식이 노인의 생각으로 인식하지 못하게 하면서 노인의 생각을 드러낸다. 그 방식은 1인칭 내적 독백방식이나 노인이 자신에게 크게 무엇인가 말하지만 결국에는 사라져 버리는 의문 부호와 같은 것으로 나타난다.

바다에서 일어나는 많은 부분 중에서 첫 번째 부분이 단순한 긴장감을 형성하는 것보다 더 많은 것을 더해 준다. 이 장에서 어부로서 노인의 사려 깊은 기술, 직업에 대한 헌신, 어려움에 부딪혔을 때 자신을 유지하는 데 필요한 상상력이 풍부한 비전과 영감을 이끌어낸다. 노인은 어부들의 기술과 그들이 무엇을 해야 할지에 대해 잘 알고 있는 전문가이고 책임 있는 사람이라는 것을 알 수 있다. 아침 태양이 그의 눈을 상하게 하는 것처럼 그에게 상처를 입히는 인생의 고난에도 불구하고 노인의 상상력과 풍부한 비전이 그를 더 강하게 한다. 고난이 그를 더 강하게 만든다.

이 부분에서 헤밍웨이는 노인이 생각한 것처럼 자연 세계와 노인의 관계, 자연계에서 그의 위치 그리고 모든 어부들의 장소를 극화한다. 헤밍웨이는 노인을 좋아하지 않는 다른 어부들의 행동규범과 노인의 행동규범을 구분하고 노인의 행동철학을 하나하나 보여 주기 시작한다. 간단히 말해서 헤밍웨이가 이 부분에서 제공하는 다른 정보와 자세한 서술들은 이 소설의 전반에서 확장된 의미들로 가득 채운다.

삶의 굴욕을 바다에 던지고 그가 사랑하는 소년을 육지에 남겨 놓고서 노인은 큰 고기를 잡아 공동체로부터 존경을 받는 위대한 어부가 되기 위해서, 자신이 죽은 뒤에도 소년과의 관계를 굳건히 하는 것을 마음속으로 생각하면서 큰 고기를 잡기 위한 여정을 시작한다. 노인은 바다에서 오디세우스(Odysseus)처럼 물질적 이익이나 모험을 추구하지 않고 돈키호테(Don Quixote)처럼 자신을 기만하지 않는다. 대신 노인은 바다 한가운데서 모든 생명체가 완벽히 서로 얽혀 있으며 그 생명체들은 자연계의 포식자(Predator)이거나 먹잇감(Prey)이라는 것을 안다. 인간 사회보다도 더 큰 자연계에서 노인은 외로운 인간의 대표자이다.

이 같은 공감 중에서 기자인 헤밍웨이는 날치(Flying Fish), 깊은 곳에 사는 생물체들과 해초 등 바다의 생명체들을 사실적으로 자세한 이야기 속에서 이야기를 진행해 간다. 어둠 속에서 높이 날아가면서 빳빳한 날개가 쉬쉬대는 묘사를 반복하면서 날치가 만들어 내는 소리를 항상 떠올린다. 헤밍웨이는 날치 소리의 묘사로 노인의 생각으로 들어간다. 노인은 날치를 그의 친구로 인식한다. 또한 노인은 날아가서 무언가를 찾지만, 아무것도 발견하지 못하는 바닷새를 자신과 같은 고통을 공유한다고 여긴다.

노인은 바다에서 혼자 항해하면서 자신을 자연계 일부라고 생각한다. 날치와 새들을 보고 자신의 친구이면서 때로는 자신보다 더 힘든 삶을 살아간다고 생각하면서 자신의 삶을 되돌아보고 삶의 목표를 다시 생각해 본다.

젊은 어부들과 달리 자신에게 주어진 어려운 문제에 대해 받아들이면서 자신이 할 수 있는 최선을 다하는 것이 자신이 해야 할 일이라 생각한다. 기계를 장착해서 걸리는 고기들을 모두 잡는 행위는 자연을 훼손하는 행위이기 때문에 자신이 힘들고 주변의 사람들에게 조롱을 당한다 해도 어쩔 수 없다는 노인의 생각을 잘 보여 준다. 날치와 새들이 먹이를 찾지 못하고 힘든 생활이 어쩔 수 없듯이 노인 또한 힘들게 항해를 해서 고기를 잡지 못하는 것 또한 어쩔 수 없다고 받아들인다.

왜 선한 사람이 고통을 겪도록 창조되었는지에 관한 질문이 노인의 생각에서 나온다. 노인은 자연의 모든 피조물이 불가피한 똑같은 패턴에 부딪힐 수밖에 없다는 것을 단순히 인식할 뿐, 노인도 욥처럼 그가 이해할 수 있는 만족스러운 답을 얻지 못했다.

3. Part Three : Battle at Sea - A Brief Summary

갑작스럽게 낚싯줄 중 하나가 가라앉는 것은 진정한 전투의 시작을 알리는 것이다. 노인은 손가락 사이로 낚싯줄을 조금씩 조금씩 풀어 주었다. 줄이 팽팽하게 되지 않도록 신경을 쓰면서 엄지와 검지로 낚싯줄을 잡은 노인은 낚싯대에서 줄을 풀었다. 그리고 줄이 100패덤(Fathom) 밑에서 큰 고기가 조그만 참치 머리가 돌출된 고기를 감싸고 있는 정어리를 먹었다는 것을 알았다. 노인은 이 고기가 얼마나 큰지, 얼마나 멀리 갈지에 대해서 생각하면서 고기가 미끼를 먹도록 잘 구슬리려고 노력했다. 노인은 신에게 고기가 먹이를 먹도록 해 달라고 요청하기도 했다. 고기가 먹이 먹는 것을 멈추었을 때 즉 고기가 줄을 당기지 않고 가만히 있을 때 왜 그런 것인지 의도를 찾기 위해 자신의 경험을 생각해 봤다. 노인은 묵직하고 단단한 것을 느꼈을 때 고기가 줄을 끌고 가도록 풀어 주었다. 그는 고기가 돌아서 미끼를 삼켰다고 생각했다. 그러나 좋은 일을 미리 말해 두면 될 것도 안 된다는 것을 알고 있었으므로 입 밖에 내어 말하지 않았다. 고기가 미끼를 삼켜서 기분은 좋지만 말하면 잘못될까 봐 가만히 지켜보았다.

"Yes," he said. "Yes," and shipped his oars without bumping the boat. He reached out for the line and held it softly between the thumb and forefinger of his right hand. He felt no strain nor weight and he held the line lightly. Then it came again. This time it was a tentative pull, not solid nor heavy, and he knew exactly what is was.

One hundred fathoms down a marlin was eating the sardines that covered the point and the shank of the hook where the hand-forged hook projected from the head of the small tuna. (41)

The old man held the line delicately, and softly, with his left hand, unleashed it from the stick. Now he could let it run through his fingers without the fish feeling any tension. (41)

"He'll take it," the old man said aloud. "God help him to take it." He did not take it though. He was gone and the old man felt nothing.

"He can't have gone," he said. "Christ knows he can't have gone. He's making a turn. Maybe he has been hooked before and he remembers something of it." (42)

"It was only his turn," he said. "He'll take it."

He was happy feeling the gentle pulling and then he felt something hard and unbelievably heavy. It was the weight of the fish and he let the line slip down, down, down, unrolling off the first of the two reserve coils. (43)

Then he will turn and swallow it, he thought. He did not say that because he knew that if you said a good thing it might not happen. (43)

상황의 진전은 일어나지 않았고 고기는 유유히 이동하는데 노인은 조금도 올리지 못하고 끌려갈 뿐이다. 노인은 고기가 더 미끼를 먹도록 내버려 두었다. 그는 어깨에 멘 팽팽한 줄의 무게를 견뎌 낸다. 그리고 배에서 고기가 잡아당기는 힘에 저항하면서 뒤로 젖혔다. 이와 같은 싸움(투쟁)을 하는 동안 처음으로 소년이 있었으면 좋았을 텐데 하고 말한다.

노인은 배를 끌고 가던 고기가 갑자기 깊이 들어가서 죽으면 어떻게 해야 하나 생각했다. 그러나 그가 할 수 있는 일은 많이 있다고 확신했다. 정오까지 그는 4시간 동안 낚싯줄을 잡고 있었지만 물고기의 모습을 볼 수 없었다. 노인은 선미에 준비해 놓은 물병에서 물을 마시고 여러 가지를 생각하지 않고 단순히 이겨 내야 한다고만 생각했다. 노인은 더 육지가 보이지 않는다는 것을 깨달았지만 밤에 아바나에서 나오는 불빛을 따라가면 돌아갈 수 있다고 생각했다. 그는 고기가 나올 때를 여러 번 생각하고 고기를 보았다.

Nothing happen. The fish just moved away slowly and the old man could not raise him an inch. His line was strong and made for heavy fish and he held it against his back until it was so taut that beads of water were jumping from it. Then it began to make a slow hissing sound in the water and he still held it, bracing himself against the thwart and leaning back against the pull. The boat began to move slowly off toward the north-west. (45)

The fish moved steadily and they travelled slowly on the calm water. The other baits were still in the water but there was nothing to be done.

"I wish I had the boy," the old man said aloud. "I'm being towed by a fish and I'm the towing bitt." (45)

This will kill him, the old man thought. He can't do this forever. But four hours later the fish was still swimming steadily out to sea, towing the skiff, and the old man was still braced solidly with the line across his back. (45)

"It was noon when I hooked him," he said. "And I have never seen him." He had pushed his straw hat hard down on his head before he hooked the fish and it was cutting his forehead. He was thirsty too and he got down on his knees and, being careful not to jerk on the line, moved as far into the bow as he could get and reached the water bottle with one hand. He opened it and drank a little. Then he rested against the bow. He rested sitting on the un-stepped mast and sail and tried not to think but only to endure. (46)

Then he looked behind him and saw that no land was visible. That makes no difference, he thought. I can always come in on the glow from Havana. There are two more hours before the sun sets and maybe he will come up before that. If he doesn't maybe he will come up with the moon. If he does not do that maybe he will come up with the sunrise. (46)

해가 진 후에 노인은 미끼 상자를 덮는 데 사용했던 말린 부대를 목 주변에 묶었다. 그러니 낚싯줄 아래에서 쿠션과 같은 역할을 했다. 밤에는 낚싯줄이 물속에서 인광처럼 보였다. 그는 배의 방향을 점검했다. 밤에는 고기가 북동쪽으로 끌고 간다고 할지라도 노인은 해류가 동쪽으로 끈다는 것을 알고 있다. 만약 아바나의 불빛을 못 보게 된다면 반드시 동쪽으로 가야 한다고 생각했다. 노인은 오늘의 야구경기 결과를 생각했다. 라디오를 가져왔으면 좋았을 것을 하고 생각했지만 바로 지금 자신에게 지금 하는 일에 집중하라고 꾸짖는다. 노인은 소년하고 같이 왔으면 하고 큰 소리로 말했다. 노년에 혼자 있는 건 좋지 않다고 생각했다. 그리고 힘을 얻기 위해서 잡은 참치가 상하기 전에 먹기로 한다.

The fish never changed his course nor his direction all that night as far as the man could tell from watching the stars. It was cold after the sun went down and the old man's sweat dried cold on his back and his arms and his old legs. During the day he had taken the sack that covered the bait box and spread it in the sun to dry. After the sun went down he tied it around his neck so that it hung down over his back and he cautiously worked it down under the line that was across his shoulders now. (47)

I wonder how the baseball came out in the grand leagues today, he thought. It would be wonderful to do this with a radio. Then he thought, think of it always. Think of what you are doing. You must do nothing stupid. Then he said loud, "I wish I had the boy. To help me and to see this." No one should be alone in their old age, he thought. But it is unavoidable. I must remember to eat the tuna before he spoils in order to keep strong. (48)

돌고래 두 마리가 배 주변에서 놀 때 노인은 날치처럼 우리의 형제라고 부른다. 그리고 노인은 그가 지금까지 잡았던 어떤 고기보다 힘이 세고 이상한 고기(Marlin)에게 연민을 느끼기 시작했다. 노인은 여러 가지 생각을 했다. 고기가 이전에 잡힌 적이 있는지, 고기에게 닥친 이 역경이 한 명의 단순한 노인에 의해서 이루어진다는 것을 아는지 모르는지, 고기를 시장에 내놓으면 가격이 어느 정도인지, 수컷처럼 두려움 없이 잡아당기는 것인지, 계획이 있는지 아니면 자신처럼 필사적으로 싸우는지 등에 대해 노인은 생각한다.

During the night two porpoises came around the boat and he could hear them rolling and blowing. He could tell the difference between the blowing noise the male made and the sighing blow of the female. "They are good," he said. "They play and make jokes and love one another. They are our brothers like the flying fish." (48)

Then he began to pity the great fish that he had hooked. He is wonderful and strange and who knows how old he is, he thought. Never have I had such a strong fish nor one who acted so strangely. Perhaps he is too wise to jump. He could ruin me by jumping or by a wild rush. But perhaps he has been hooked many times before and he knows that this is how he should make his fight. He cannot know that it is only one man against him, nor that it is an old man. But what a great fish he is and what will he bring in the market if the flesh is good. He took the bait like a male and he pulls like a male and his fight has no panic in it. I wander if he has any plans or if he is just as desperate as I am? (49)

노인은 암컷 고기를 잡았을 때 노인의 배 주변에 수컷이 서성인 것을 기억했다. 노인이 작살을 준비했을 때 수컷은 암컷이 어디에 있는지를 확인하기 위해 점프했다. 그리고 깊이 다이빙하고 사라졌다. 노인은 큰 수컷 고기의 아름다움을 회상하고 그가 지금까지 봤던 것 중에서 가장 슬픈 사건이라고 생각했다. 소년과 노인은 매우 슬펐다. 그들은 큰 암컷 고기에게 용서를 구하고 서둘러 도살했다.

He remembered the time he had hooked one of a pair of marlin. The male fish always let the female fish feed first and the hooked fish, the female, made a wild, panic-stricken, despairing fight that soon exhausted her, and all the time the male had stayed with her, crossing the line and circling with her on the surface. He had stayed so close that the old man was afraid he would cut the line with his tail which was sharp as a scythe and almost of that size and shape. (49)

When the old man had gaffed her and clubbed her, holding the rapier bill with its sandpaper edge and clubbing her across the top of her head until her colour turned to a colour almost like the backing of mirrors, and then, with the boy's aid, hoisted her abroad, the male fish had stayed by the side of the boat. Then, while the old man was clearing the lines and preparing the harpoon, the male fish jumped high into the air beside the boat to see where the female was and then went down deep, his lavender wings, that were his pectoral fins, spread wide and all his wide lavender stripes showing. He was beautiful, the old man remembered, and he had stayed. That was saddest thing I ever saw with them, the old man thought. The boy was sad too and we begged her pardon and butchered her promptly. (50)

노인에게 잡힌 고기와 노인은 선택해야 한다. 고기는 올가미와 덫과 사람들의 계교가 미치지 못하는 먼 바다의 깊고 어두운 물에 있어야 할지 생각할 것이다. 반면 노인은 누구도 가지 못하는 곳까지 고기를 따라가서 찾아내야겠다고 생각한다. 고기와 노인이 함께 있을 때 그 둘을 도와줄 사람은 아무도 없다. 그 순간 노인은 나는 어부가 되지 말았어야 했는지도 모른다고, 그러나 나는 어부가 되려고 태어났는지도 모른다고 자신에게 상기시킨다. 날이 새면 힘을 얻기 위해 참치를 먹어야겠다고 생각한다.

His choice had been to stay in the deep dark water far out beyond all snares and traps and treacheries. My choice was to go there to find him beyond all people. Beyond all people in the world. Now we are joined together and have been since noon. And no one to help either one of us. Perhaps I should not have been a fisherman, he thought. But that was the thing that I was born for. I must surely remember to eat the tuna after it get light. (50)

밤에 노인은 다른 줄 하나에서 물고기를 잡았다. 그러나 그것이 어떤 것인지도 알기 전에 그것을 잘라 버렸다. 그리고 노인은 물속에 잠겨 있는 다른 선을 또 잘라 버렸다. 큰 고기와 전투를 할 때 모든 여분의 줄을 사용하기 위해서 다른 줄들을 모두 자른다. 그는 다른 낚싯줄, 잡은 고기들을 포기한다. 그리고 그 순간에 소년을 그리워한다. 그렇지만 자신에게 자신이 해야 할 일에 대해서 본인 자신에게 언급한다. 그때 고기가 갑자기 앞으로 밀려오는 바람에 낚싯줄이 노인이 얼굴에 상처를 입었다. 노인은 가능한 모든 준비를 다 했고 고기가 영구히 배를 끌고 갈 수 없게 하겠다고 생각했다. 고기가 죽을 때까지 노인은 고기와 함께 하겠다고 다짐한다. 그리고 고기도 노인과 역시 함께하겠다는 듯 행동한다.

In the darkness he loosened his sheath knife and taking all the strain of the fish on his left shoulder he leaned back and cut the line against the wood of the gunwhale. Then he cut the other line closest to him and in the dark made the loose ends of the reserve coils fast. (51)

But you haven't got the boy, he thought. You have only yourself and you had better work back to the last line now, in the dark or not in the dark, and cut it away and hook up the two reserve coils. (52)

So he did it. It was difficult in the dark and once the fish made a surge that pulled him down on his face and made a cut below his eye. The blood ran down his cheek a little way. But it coagulated and dried before it reached his chin and he worked his way back to the bow and rested against the wood. (52)

I wonder what he made that lurch for, he thought. The wire must have slipped on the great hill of his back. Certainly his back cannot feel as badly as mine does. But he cannot pull this skiff forever, no matter how great he is. Now everything is cleared away that might make trouble and I have a big reserve of line; all that man can ask. "Fish," he said softly, aloud, "I'll stay with you until I am dead." He will stay with me too, I suppose, the old man thought and wait for it to be light. (52 ~53)

고기와 해류는 배를 북동쪽으로 끌고 가고 있었다. 그러나 노인은 고기가 그리 깊지 않은 곳에 있다는 것을 알았다. 그는 밖에 나와서 등에 있는 부대(Sack)에 공기를 채우기 위해서 고기가 밖으로 나오길 바랐다. 깊지 않은 곳에서 고기를 잡으면 놓치지 않으리라 생각했다.

노인은 줄을 끊어지지 않을 정도로 팽팽히 잡아당겼다. 그러면서도 고기가 흔들어 대서 상처 부위가 벌어져서 고기가 빠져나갈까 걱정도 했다. 태양이 떠올라서 노인의 등에 비쳤는데, 태양을 직접 보지 않을 수 있어서 그나마 위안이 되었다. 그러면서 고기에게 노인이 말한다. 난 널 사랑하고 존경해. 그렇지만 오늘이 가기 전에 널 잡을 거야. 그리고 그들이 그렇게 되기를 희망했다.

"He's headed north," the old man said. The current will have set us far to the eastward, he thought. I wish he would turn with the current. That would show that he was tiring. (53)

Maybe if I can increase the tension just a little it will hurt him and he will jump, he thought. Now that it is daylight let him jump so that he'll fill the sacks along his backbone with air and then he cannot go deep to die. He tried to increase the tension, but the line had been taut up to the very edge of the breaking point since he had hooked the fish and he felt the harshness as he leaned back to pull and knew he could put no more strain on it. I must not jerk it ever, he thought. Each jerk widens the cut the hook makes and then when he does jump he might throw it. Anyway I feel better with the sun and for once I do not have to look into it.

"Fish," he said, "I love you and respect you very much. But I will kill you dead before this day ends." (54)

남쪽에서 온 작고 피곤한 물새(Warbler)는 쉬기 위해 낚싯줄 위에 앉았다. 노인은 새에게 이 줄은 안전하다고 말하고 어젯밤에 바람도 없었는데 왜 그렇게 피곤하냐고 물었다. 노인은 새가 직면하게 될 수도 있는 매에 대해서 생각했다. 그리고 새에게 말했다. "잘 쉬어라. 새야(Take a good rest, small bird)!"(55) 그리고 가서 사람들이나 새나 고기들처럼 네 운명을 시험해 보라고, 새에게 네가 좋다면 집에서 머물러 있으라고 말한다. 즉 배에서 쉬어 가라는 뜻이다. "그러나 나는 함께하는 친구가 있어서 너를 데려갈 수가 없다. 친구가 없다면 너를 내 배로 데려다줄 수 있을 텐데." 여기서 친구란 '청새치(Marlin)'를 뜻한다. 고기가 갑자기 요동을 치자 노인은 배 앞쪽으로 끌려가 쓰러졌다. 새는 날아가 버리고 노인은 새가 가는 모습을 볼 수 없었다.

A small bird came toward the skiff from the north. He was a warbler and flying very low over the water. The old man could see that he was very tired. The bird made the stern of the boat and rested there. Then he flew around the old man's head and rested on the line where he was more comfortable. "How old are you?" the old man asked the bird. "Is this your first trip?" (54)

The hawks, he thought, that come out to see to meet them. But he said nothing of this to the bird who could not understand him anyway and who would learn about the hawks soon enough.

"Take a good rest, small bird," he said, "Then go in and take your chance like any man or bird or fish," (55)

"Stay at my house if you like, bird," he said. "I am sorry I cannot hoist the sail and take you in with the small breeze that is rising. But I am with a friend."

The bird had flown up when the line jerked and the old man had not even seen him go. (55)

노인은 오른손에 묻은 피를 보았다. 그리고 그 순간 고기에게 상처를 줬다고 생각했다. 고기도 나만큼 긴장하고 있다고 생각했다. 노인은 새와 함께 있었던 시간이 그리웠다. 마치 자신의 긴 여정이 고통의 연속이고 힘든 여정인 것처럼 새가 해변에 도착할 때까지 매우 힘들 것이라고 생각했다. 노인은 자신이 어리석어 새에게 정신이 팔려 상처가 났다고 생각했다. 노인은 자기 일에 집중하고 다시 힘을 얻기 위해서 참치를 먹어야겠다고 다짐했다. 또한, 소금과 소년이 있었으면 좋았을 텐데 하고 생각했다. 노인은 조심해서 소금물에 손을 씻었다. 왼손에 쥐가 났다. 마치 갈고리처럼 바뀌었다. 참치를 먹으면서 다시는 쥐가 나지 않도록 하는 데 도움이 되리라 생각했다.

He felt the line carefully with his right hand and noticed his hand was bleeding. (55~56)

He look around for the bird now because he would have liked him for company. The bird was gone. You did not stay long, the man thought. But it is rougher where you are going until you make the shore. How did I let the fish cut me with that one quick pull he made? I must be getting very stupid. Or perhaps I was looking at the small bird and thinking of him. (56)

Now I will pay attention to my work and then I must eat the tuna so that I will not have a failure of strength. "I wish the boy were here and that I had some salt," he said aloud. Shifting the weight of the line to his left shoulder and kneeling carefully he washed his hand in the ocean and held it there, submerged, for more than a minute watching the blood trail away and the steady movement of the water against his hand as the boat moved. (57)

노인은 라임(Lime)과 소금이 없었지만 맛은 그리 나쁘지 않았다. 해가 뜨면 생선이 썩기 전에 먹어야 한다. 자신들은 형제이기 때문에 내가 잡은 고기에게도 밥을 줘야 한다. 그러나 고기를 죽이기 위해서 내가 강해져야 한다. 참치를 먹은 후에 오른손으로 줄을 잡았다. 그리고 신에게 왼손의 쥐가 풀리기를 빌었다. 만약 쥐가 풀리지 않는다면 힘으로 쥐를 풀어야겠다고 생각했다. 그렇지만 전날 밤에 손을 많이 사용했기 때문에 저절로 쥐가 풀릴 때까지 기다리기로 했다.

He picked up a piece and put it in his mouth and chewed it slowly. It was not unpleasant. Chew it well, he thought, and get all the juices. It would not be bad to eat with a little lime or with lemon or with salt. (58)

"Be patient, hand," he said. "I do this for you." I wish I could feed the fish, he thought. He is my brother. But I must kill him and keep strong to do it. Slowly and conscientiously he ate all of the wedge- shaped strips of fish. (59)

He rubbed the cramped hand against his trousers and tried to gentle the fingers. But it would not open. Maybe it will open with the sun, he thought. Maybe it will open when the strong raw tuna is digested. If I have to have it, I will open it, cost whatever it costs. But I do not want to open it now by force. Let it open by itself and come back of its own accord. After all I abused it much in the night when it was necessary to free and untie the various lines. (60)

　노인은 구름이 형성되는 것과 야생 오리들의 비행을 보면서 바다에서 진정으로 혼자가 아닌 사람은 없으리라 생각했다. 즉 "바다에서 누구도 외롭지 않은 사람이 없다는 생각이 들었다(He knew no man was ever alone on the sea)."(61) 노인은 육지에서 멀리 떨어진 데서 오는 두려움 그리고 날씨가 갑작스럽게 변한다는 것을 잘 알고 있다. 이번 달에 태풍이 발생하지 않는다면 일 년 중에 지금이 가장 좋은 날씨라는 것도 알고 있다. 그리고 태풍이 올 것이라는 징후를 보지 못했다. 해안 사람들은 구름이 형성되는 것과 바다에서 형성되는 것이 다르고 무엇을 보고 판단해야 할지도 모르기 때문에 태풍이 어떻게 오는지를 볼 수 없는 반면, 노인은 태풍이 어떻게 오는지를 볼 수 있다. 그리고 노인은 가벼운 바람은 고기보다 자신에게 더 좋고 유리하다고 생각했다.

He looked across the sea and knew how alone he was now. But he could see the prisms in the deep dark water and the line stretching ahead and the strange undulation of the calm. The clouds were building up now for the trade wind and he looked ahead and saw a flight of wild ducks etching themselves against the sky over the water, then blurring, then etching again and he knew no man was ever alone on the sea. (61)

He thought of how some men feared being out of sight of land in a small boat and knew they were right in the months of sudden bad weather. But now they were in hurricane months and, when there are no hurricanes, the weather of hurricane months is the best of all the year. If there is a hurricane you always see the sighs of it in the sky for days ahead, if you are at sea. They do not see it ashore because they do not know what to look for, he thought. The land must make a difference too, in the shape of the clouds. But we have no hurricane coming now. (61)

He looked at the sky and saw the white cumulus built like friendly piles of ice cream and high above were the thin feathers of cirrus against the high September sky. "Light *brisa*," he said. "Better weather for me than for you, fish." (61)

노인은 손에 쥐가 난 것을 자신의 신체에 대한 배신 또는 굴욕이라 생각했다. 소년이 있어서 팔을 주물러 주었으면 좋겠다고 생각했다. 그때 고기가 처음으로 물 위로 점프했다가 완전히 물 위로 나왔다. 고기는 아름답고 거대하고 배보다 무려 2피트는 더 길었다. 고기의 주둥이는 야구 방망이처럼 보이고 칼처럼 날카로웠다. 그리고 고기의 꼬리는 낫 모양처럼 생겼다. 고기가 못 도망치게 하려고 노인은 낚싯줄을 적당히 당겨야 한다는 것을 잘 알고 있었다. 그리고 고기가 자신의 힘을 알지 못하게 해야 한다는 것도 알고 있다. 노인은 자신이 고기라면 어떤 것이 부서질 때까지 모든 것을 다해서 도망칠 것이라고 생각했다. 그러나 고기는 고

상하고 능력이 있었지만 신에게 감사하게도 고기는 자신들을 죽이는 사
람들만큼 똑똑하지 않다.

I hate a cramp, he thought. It is a treachery of one's own body. It is
humiliating before others to have a diarrhoea from ptomaine poisoning
or to vomit from it. But a cramp, he thought of it as a *calambre*,
humiliates oneself especially when one is alone. (62)

The line rose slowly and steadily and then the surface of the ocean
bulged ahead of the boat and the fish came out. He came out
unendingly and water poured from his sides. He was bright in the sun
and his head and back were dark purple and in the sun the stripes on
his sides showed wide and a light lavender. (62)

His sword was as long as a baseball bat and tapered like a rapier and
he rose his full length from the water and then re-entered it, smoothly,
like a diver and the old man saw the great scythe-blade of his tail go
under and the line commenced to race out. (63)

"He is two feet longer than the skiff," the old man said. The line was
going out fast but steadily and the fish was not panicked. The old man
was trying with both hands to keep the line just inside of breaking
strength. He knew that if he could not slow the fish with a steady

pressure the fish could take out all the line and break it. (63)

He is a great fish and I must convince him, he thought. I must never let him learn his strength nor what he could do if he made his run. If I were him I would put in everything now and go until something broke. But, thank God, they are not as intelligent as we who kill them; although they are more noble and more able. (63)

노인은 평생 동안 1,000파운드가 넘는 고기를 두 번 잡았다. 그때는 혼자가 아니었다. 그러나 지금은 혼자이고 육지와 많이 떨어져 있었다. 노인은 지금까지 듣고 보아 왔던 것보다 더 큰 고기라고 생각했다. 노인은 두 손과 고기가 형제이기 때문에 곧 왼손에 난 쥐가 곧 풀릴 것으로 생각했다. 노인은 고기가 자신을 나에게 보여 주기 위해 점프했는지에 대해 생각해 봤다. 그래서 노인도 자신을 고기에게 보여 주고 싶었다. 그러나 노인이 고기보다 힘이 센 것을 알면 고기도 더 힘센 것처럼 행동하리라 판단했다. 순간 노인은 자신의 지혜와 의지만으로 싸우지만 고기는 자신이 가진 모든 것을 가지고 싸우리라 생각했다. 노인은 종교인은 아니지만, 성모경을 열 번 외우겠다고 하나님에게 약속했다. 만약 고기를 잡는다면 엘코브레의 성모님께 참례하겠다고 약속했다. 그는 빠르게 기도하기 시작했다. 그 후 기분은 좋아졌지만, 여전히 고통스러운 건 마찬가지였다. 고기가 더 먹을 경우를 대비해서 노인은 다른 줄에 미끼를 새로 끼웠다. 먹을 물도 거의 떨어졌다. 여기서는 만새기(Dolphin)밖에 잡을 수 없다. 그러나 노인은 날것으로 먹는 것을 좋아하기 때문에 날치를 더

원했다. 노인은 좀 불공정하지만 고기를 반드시 잡겠다고 생각했다. 그리고 노인은 고기에게 인간이 할 수 있는 것과 인간이 얼마나 참을 수 있는지에 대해서 보여 주겠다고 생각했다. 노인이 소년에게 "좀 별난 노인이다."라고 말한 것을 노인은 자신에게 상기시키면서 비록 예전에 수천 번 증명했다 할지라도 이제 내가 그것을 증명해야 한다고 생각했다.

The old man had seen many great fish. He had seen many that weighted more than a thousand pounds and he had caught two of that size in his life, but never alone. Now alone, and out of sight of land, he was fast to the biggest fish that he had ever seen and bigger than he had ever heard of, and his left hand was still as tight as the gripped claws of an eagle. (63)

It will uncramp though, he thought. Surely it will uncramp to help my right hand. There are three things that are brothers: the fish and my two hands. It must uncramp. It is unworthy of it to be camped. The fish had slowed again and was going at his usual pace. (64)

I wonder why he jumped, the old man thought. He jumped almost as thought to show me how big he was. I know now, anyway, he thought. I wish I could show him what sort of man I am. But then he would see the cramped hand. Let him think I am more man than I am and I will be so. I wish I was the fish, he thought, with everything he has against only my will and my intelligence. (64)

"I am not religious," he said. "But I will say ten Our Fathers and ten Hail Marys that I should catch this fish, and I promise to make a pilgrimage to the Virgin of Cobre if I catch him. That is a promise." He commenced to say his prayers mechanically. Sometimes he would be so tired that he could not remember the prayer and then he would say them fast so that they would come automatically. Hail Marys are easier to say than Our Fathers, he thought. (65)

With his prayers said, and feeling much better, but suffering exatly as much, and perhaps a little more, he leaned against the wood of the bow and began, mechanically, to work the fingers of his left hand. (65)

"I had better re-bait that little line out over the stern," he said. "If the fish decides to stay another night I will need to eat again and the water is low in the bottle. I don't think I can get anything but a dolphin here. But if I eat him fresh enough he won't be bad. I wish a flying fish would come on board tonight. But I have no light to attract them." (65~66)

"A flying fish is excellent to eat raw and I would not have to cut him up. I must save all my strength now. Christ, I did not know he was so big." "I'll kill him though," he said. "In all his greatness and his glory."

Although it is unjust, he thought. But I will show him what a man can do and what a man endures. "I told the boy. I was a strange old man," he said. "Now is when I must prove it." The thousand times that he had proved it meant nothing. Now he was proving it again. Each time was a new time and he never thought about the past when he was doing it. (66)

노인은 쉬기로 했다. 그는 자면서 사자에 관한 꿈을 꾸길 원했다. 노인은 자신에게 남아 있는 것 중에서 주요한 것이 왜 사자인지 궁금했다. 왜 생각나는 것이 사자에 관한 것일까 궁금했다. 그때 고기가 높게 수영하기 시작했고 동쪽으로 돌기 시작했다. 이것은 고기가 피곤하다는 것이고 조류에 의해서 동쪽으로 밀려간다는 의미이다. 노인은 배 밑 바다 깊은 곳에서 고기가 볼 수 있는 것에 대해 생각했다. 노인은 자신도 고양이가 보는 만큼 어둠속에서도 잘 볼 수 있다고 생각했다. 노인은 왼손의 쥐가 풀려서 등의 줄을 바꿨다. 노인은 고기가 피곤할 것이라고 생각했다. 만약 피곤하지 않는다면 이상한 고기라 생각했다. 그는 뉴욕 양키즈와 디트로이트 타이거 야구경기에 관해서 그리고 무슨 일이 일어날지 모르는 두 번째 날에 대해 생각하려고 노력했다. 노인은 자신에게 신념을 가져야 하고 발목뼈가 아파도 자기 일을 완벽하게 하는 디마지오에 비해 손색이 없어야 한다고 말했다. 노인은 뼈가 아픈 것이 어떤 것인지에 대해 스스로 물어 봤다.

I wish he'd sleep and I could sleep and dream about the lions, he thought. Why are the lions the main thing that is left? Don't think, old man, he said to himself. Rest gently now against the wood and think of nothing. He is working. Work as little as you can. (66)

Once in the afternoon the line started to rise again. But the fish only continued to swim at a slightly higher level. The sun was on the old man's left arm and shoulder and on his back. So he knew the fish had turned east of north. (67)

Now that he had seen him once, he could picture the fish swimming in the water with his purple pectoral fins set wide as wings and the great erect tail slicing through the dark. I wonder how much he sees at that depth, the old man thought. His eye is huge and a horse, with much less eye, can see in the dark. Once I could see quite well in the dark. Not in the absolute dark. But almost as a cat sees. (67)

The sun and his steady movement of his fingers had uncramped his left hand now completely and he began to shift more of the strain to it and he shrugged the muscles of his back to shift the hurt of the cord a little. "If you're not tired, fish," he said aloud. "You must be very strange." (67)

He felt very tired now and he knew the night would come soon and he tried to think of other things. He thought of the Big League, to him they were the *Gran Ligas*, and he knew that the Yankees of New York were playing the Tigers of Detroit. (68)

This is the second day now that I do not know the result of the *juegos*, he thought. But I must have confidence and I must be worthy of the great DiMaggio who does all things perfectly even with the pain of the bone spur in his heel. What is a bone spur? he asked himself. (68)

"뼈가 아픈 걸 스페인 말로 뭐라 하지?" 노인은 혼잣말로 물었다. 운 에스푸엘라 데 우에소지(*Un espuela de hueso*). 우리는 아픔을 모른다. 아무리 아프다 해도 발톱을 차면서 싸우는 투계만큼 아플까? 그건 견디지 못할 것 같다. 투계가 하듯이 한 눈이 뽑히고 또 남은 한 눈마저 뽑혀도 계속 싸우는 짓은 못할 것 같다. 만약 상어가 오지 않는다면 인간은 큰 새나 맹수들 그리고 깊은 바닷속에 있는 고기만큼 강할 것이다. 그러나 만약 상어가 온다면 고기와 노인 둘 다 불쌍해질 것이다. 노인은 만약 디마지오가 자신의 입장이라면 저 고기에 맞서서 싸울 수 있을까 생각했다.

해가 지자 노인은 시엔푸에고스 항구에서 제일 힘이 센 흑인과 팔씨름했을 때를 기억하면서 자신에게 용기를 주려고 노력했다. 팔씨름은 일요일 아침에 시작해서 월요일 아침에야 끝이 났다. 내기를 한 사람들은 아바나 석탄회사와 설탕을 선적하기 위해서 출근을 해야 하기 때문에 무승부로 하고 끝내자고 했다. 그러나 노인은 그들이 일하

61

러 가기 전에 끝냈다. 그 후로 오랫동안 모든 이들이 그를 엘 캄페온(El Campeon=The Champion)이라 불렀다. 다음 해에는 도전하고자 하는 이들이 거의 없었다. 노인은 더는 팔씨름하지 않으려 했다. 그 이유는 팔씨름으로 오른손을 혹사하면 낚시하는 데 좋지 않기 때문이었다. 노인은 시험 삼아서 왼손으로 팔씨름을 해 본 적이 있었다. 왼손은 역시나 그를 배반했고 그래서 노인은 왼손을 믿지 않게 됐다.

Un espuela de hueso. We do not have them. Can it be as painful as the spur of a fighting cock in one's heel? I do not think I could endure that or the loss of the eye and of both eyes and continue to fight as the fighting cocks do. Man is not much beside the great birds and beasts. Still I would rather be that beast down there in the darkness of the sea. "Unless sharks come," he said aloud. "If sharks come, God pity him and me." (68)

Do you believe the great DiMaggio would stay with a fish as long as I will stay with this one? he thought. I am sure he would and more since he is young and strong. Also his father was a fisherman. But would the bone spur hurt him too much? "I do not know," he said aloud. "I never had a bone spur." (68)

As the sun set he remembered, to give himself more confidence, the time in the travern at Casablanca when he had played the hand game with the great negro from Cienfuegos who was the strongest man on the docks. (69)

The odds would change and back forth all night and they fed the negro rum and lighted cigarettes for him. Then the negro, after the rum, would try for a tremendous effort and once he had the old man, who was not an old man then but was Santiago *El Campeon*, nearly three inches off balance. But the old man had raised his hand up to dead even again. (70)

For a long time after that everyone had called him The Champion and there had been a return match in the spring. But not much money was bet and he had won it quite easily since he had broken the confidence of the negro from Cienfuegos in the first match. After that he had a few matches and then no more. He decided that he could beat anyone if he wanted to badly enough and he decided that it was bad for his right hand for fishing. He tried a few practice matches with his left hand. But his left hand had always been a traitor and would not do what he called on it to do and he did not trust it. (71)

노인은 마이애미를 향하는 비행기 한 대가 노인 머리 위로 가는 것을 보았다. 비행기 그림자가 날치 떼들을 놀라게 했다. 날치가 많은 것으로 보아 주변에 분명히 만새기가 있을 것 같았다. 노인은 거북 잡이 배의 돛대 꼭대기에서 고기를 보았을 때를 회상했다. 해가 졌을 때 거대한 해초의 섬을 지났다. 이것은 마치 바다가 누런 담요 아래서 사랑을 하는 것처럼 보였다. 노인은 만새기를 잡았다. 노인은 고기 잡은 줄을 놓치지 않으려고 노력하면서 노인은 만새기를 잡아당기고 그것을 때렸다. 그리고 미끼를 다시 달아서 바다에 던졌다. 노인은 고기가 낚싯줄을 잡아당기는 것을 깨달았다. 그리고 그는 고기를 잘 잡아당기기 위해서 선미에 노를 묶을 것을 고려했다. 등으로 낚싯줄을 잡아당기기 위해서 앞으로 구부려서 배의 나무에 기대었다. 노인은 고기가 자신과 동행하면서 아무것도 못 먹었지만, 자신은 고기도 먹었고 앞으로도 먹을 것이고 낚싯줄을 잘 다루는 방식을 알고 있기 때문에 기분이 좋았다.

An airplane passed overhead on its course to Miami and he watched its shadow scaring up the schools of flying fish. "With so much flying fish there should be dolphin," he said, and leaned back on the line to see if it was possible to gain any on his fish. (71)

Just before it was dark, as they passed a great island of Sargasso weed that heaved and swung in the light sea as though the ocean were making love with something under a yellow blanket, his small line was taken by a dolphin. (72)

When the fish was at the stern, plunging and cutting from side to side in desperation, the old man leaned over the stern and lifted the burnished gold fish with its purple spots over the stern. Its jaws were working convulsively in quick bites against the hook and it pounded the bottom of the skiff with its long flat body, its tail and its head until he clubbed it across the shinning golden head until it shivered and was still. The old man unhooked the fish, re-baited the line with another sardine and tossed it over. (73)

"He hasn't changed at all," he said. But watching the movement of the water against his hand he noted that it was perceptibly slower. "I'll lash the two oars together across the stern and that will slow him in the night." he said. "He's good for the night and so am I." (73)

I'm learning how to do it, he thought. This part of it anyway. Then too, remember he hasn't eaten since he took the bait and he is huge and needs much food. I have eaten the whole bonito. (74)

별이 뜨자 노인은 별을 먼 친구라 생각했다. 노인은 또 고기를 친구라 여기고 그렇게 본 적도 들은 적도 없는 고기에 대해 감탄하면서도 반드시 죽여야 한다. 인간이 별이나 달이나 태양을 죽일 필요가 없어서 행운이라고 생각했다. 즉 형제인 동식물들을 죽여야 하는 것이 아주 좋지 않은 일이라고 생각하는 것이다. 노인은 고기를 죽여야 한다는 결심이 강하지만 고기가 아무것도 먹지 못하는 것에 대해서 걱정한다. 고기를 먹을 자격이 있는 사람은 없다. 고기의 행동이나 존엄으로 볼 때 인간은 고기를 먹을 자격이 있는 사람은 없다.

"The fish is my friend too," he said loud. "I have never seen or heard of such a fish. But I must kill him. I am glad we do not have to try kill the stars." Imagine if each day a man try to kill the moon, he thought. The moon runs away. But imagine if a man each day should have to try to kill the sun? We were born lucky, he thought. (75)

Then he was sorry for the great fish that had nothing to eat and his determination to kill him never relaxed in his sorrow for him. How many people will he feed, he thought. But are they worthy to eat him? No, of course not. There is no one worthy of eating him from the manner of his behaviour and his great dignity. (75)

노인은 배를 조정하기 위해서 노를 사용하지 않고 신중하기로 했다. 대신 앞으로 닥칠 일이 무엇인지 알지 못하는 무능함과 아무것도 먹지 못하는 배고픔을 이용하기로 했다. 다음 일이 있을 때까지 할 수 있는 한 쉬기로 했다. 별과 달과 태양 그리고 바다가 자는 것처럼, 머리를 맑게 하기 위해 자기로 했다. 그러나 먼저 만새기를 먹기로 했다. 그는 만새기의 내장을 제거했을 때 만새기 안에서 신선한 날치 두 마리를 발견했다. 배에 자리를 잡고 손으로 만새기를 씻었다. 창자를 뱃전 너머로 버리자 그것들은 물속으로 인광을 발하며 꼬리를 물고 사라졌다. 노인은 고기의 속도가 약간 늦어진 것을 인지했다. 그는 날치 하나와 두 개의 만새기 살코기 중 하나를 먹었다. 그는 날것으로 먹는 만새기가 맛이 없다는 것을 알게 되었다.

Now I will rest an hour more and feel that he is solid and steady before I move back to the stern to do the work and make the decision. In the meantime I can see how he acts and if he shows any changes. The oars are a good trick; but it has reached the time to play for safety. He is much fish still and I saw that the hook was in the corner of his mouth and he has kept his mouth tight shut. The punishment of the hook is nothing. The punishment of hunger, and that he is against something that he does not comprehend is everything. Rest now, old man, and let him work until your next duty comes. (76)

"But you have not slept yet, old man," he said aloud. "It is half a day and a night and now another day and you have not slept. You must devise a way so that you sleep a little if he is quiet and steady. If you do not sleep you might become unclear in the head." I'm clear enough in the head, he thought. Too clear. I am as clear as the stars that are my brothers. Still I must sleep. They sleep and the moon and the sun sleep and even the ocean sleeps sometimes on certain days when there is no current and a flat calm. (77)

He put one of his feet on the fish and slit him quickly from the vent up to the tip of his lower jaw. Then he put his knife down and gutted him with his right hand, scooping him clean and pulling the gills clear. He felt the maw heavy and slippery in his hands and he slit it open. There were two flying fish inside. They were fresh and hard and he laid them side by side and dropped the guts and the gills over the stern. They sank leaving a trail of phosphorescence in the water. (78)

Back in the bow he laid the two fillets of fish out on the wood with the flying fish beside them. After that he settled the line across his shoulders in a new place and held it again with his left hand resting on the gunwale. Then he leaned over the side and washed the flying fish in the water, noting the speed of the water against his hand. His hand was phosphorescent from skinning the fish and he watched the flow of the water against it. The flow was less strong and as he rubbed the side of his hand against the planking of the skiff. particles of phosphorus floated off and drifted slowly astern. "He is tiring or he is resting," the old man said. "Now let me get through the eating of this dolphin and get some rest and a little sleep." Under the stars and with the night colder all the time he ate half of one of the dolphin fillets and one of the flying fish, gutted and with its head cut off. (80)

노인은 소금과 라임을 가져왔으면 좋았을 텐데 하고 후회했다. 아니면 자신이 머리가 돌아갔더라면 배에 물을 뿌려서 물이 증발하면 소금이 남는다는 것을 생각했을 텐데 그런 생각을 못한 것을 아쉬워했다. 노인은 구름을 보고 날씨가 좋지 않겠다는 생각을 했다. 그러나 3, 4일이 채 가지 않을 것 같았다. 노인은 잠을 자기 위해 자리를 잡는다. 그리고 잠결에 줄을 놓치지 않기 위해서 줄을 잡은 손을 몸으로 누른다. 노인은 교미 기간인 돌고래들이 점프하고 같은 자리로 다시 떨어지는 꿈을 꾸었다. 노인은 북풍 때문에 추웠고 베개 대신에 손으로 머리를 받쳐서 손이 저렸다. 그러나 그는 배가 정박한 곳에서 사자를 보는 꿈을 꾸었고 매우 행복해했다. 오른손이 얼굴을 때리고 타는 듯한 고통과 함께 낚싯줄이 손에서 빠져나가면서 갑자기 노인은 잠에서 깼다. 왼손은 사용하지 못하고 오른손으로 줄을 정지시키려고 노력했지만, 사정없이 끌려갔다. 노인은 왼손으로 줄을 더듬어 잡고 등으로 받쳤다. 이번에는 등과 왼손이 타는 듯이 아팠다.

고기가 여러 번 뛰어 올랐다. 노인은 고기가 낚싯줄을 잡아당길수록 고기가 끌고 간 낚싯줄에 대한 보상이라도 받을 마음으로 열심히 노력했다. 노인은 소년이 옆에 있었더라면 낚싯줄을 적셔 줄 수 있었을 텐데, 라고 생각했다. 비록 고기가 겁이 없다 하더라도 노인은 배고픔과 두려움이 고기가 점프하게 한 것인지 생각하고 노인은 자신에게 두려움이 없어야 한다고 상기시켰다.

"What an excellent fish dolphin is to eat cooked," he said. "And what a miserable fish raw. I will never go in a boat again without salt or limes." If I had brains I would have splashed water on the bow all day and drying, it would have made salt, he thought. But then I did not hook the dolphin until almost sunset. Still it was a lack of preparation. But I have chewed it all well and I am not nauseate. The sky was clouding over to the east and one after another the stars he knew were gone. It looked now as though he were moving into a great canyon of clouds and wind had dropped. (80)

He held the line tight in his right hand and then pushed his thigh against his right hand as he leaned all his weight against the wood of bow. Then he passed the line a ittle lower on his shoulders and braced his left hand on it. (80)

My right hand can hold it as long as it is braced, he thought. If it relaxes in sleep my left hand will wake me as the line goes out. it is hard on the right hand. But he is used to punishment. Even if I sleep twenty minutes or a half an hour it is good. He lay forward cramping himself against the line with all of his body, putting all his weight onto his right hand, and he was asleep. (81)

He did not dream of the lions but instead of a vast school of porpoises that stretched for eight or ten miles and it was in the time of their mating and they would leap high into the air and return into the same hole they had made in the water when they leaped. (81)

Then he dreamed that he was in the village on his bed and there was a norther and he was very cold and his right arm was asleep because his head had rested on it instead of a pillow.

After that he began to dream of the long yellow beach and he saw the first of the lions come down onto it in the early dark and then the other lions came and he rested his chin on the wood of the bows where the ship lay anchored with the evening off-shore breeze and he waited to see if there would be more lions and he was happy. (81)

He woke with the jerk of his right fist coming up against his face and the line burning out through his right hand. He had no feeling of his left hand but he braked all he could with his right and the line rushed out. Finally his left hand found the line and he leaned back against the line and now it burned his back and his left hand, and his left hand was taking all the strain and cutting badly. (82)

This is what we waited for, he thought. So now let us take it. Make him pay for the line, he thought. Make him pay for it. He could not see the fish's jumps but only heard the breaking of the ocean and the heavy splash as he fell. The speed of the line was cutting his hands badly but he had always known this would happen and he tried to keep the cutting across the calloused parts and not let the line slip into the palm nor cut the fingers. If the boy was here he would wet the coils of the line, he thought. Yes. If the boy were here. If the boy were here. (83)

Yes, he thought. And now he has jumped more than a dozen times and filled the sacks along his back with air and he cannot go down deep to die where I cannot bring him up. He will start circling soon and then I must work on him. I wonder what started him so suddenly? Could it have been hunger that made him desperate, or was he frightened by something in the night? Maybe he suddenly felt fear. But he was such a calm, strong fish and he seemed so fearless and so confident, It is strange. "You better be fearless and confident yourself, old man," he said. (84)

삼 일째 되는 날 태양이 떠오를 때 노인은 오른손에 난 상처를 치료하기 위해 물속에 손을 담근다. 그리고 오른손에 있는 줄을 왼손으로 바꾼다. 왼손이 약한 것은 적절히 훈련하지 않아서 그렇다고 생각하고 다시 쥐가 나면 왼손을 잘라 버리겠다고 생각했다. 그는 고기가 회전하는 것에 대해 준비하고 다가올 싸움도 준비하면서 그가 할 수 있는 모든 것을 다 하겠다고 생각했다. 곧 그는 고기가 회전을 시작할 것이라는 느낌이 들었다. 노인은 고기와의 싸움을 이어 갔다. 노인이 줄을 잡아당기면 고기가 회전하는 원이 짧아진다. 땀과 상처로 인한 고통이 혼재하면서 노인은 눈앞에 있는 검은 반점을 보았다. 노인은 그 반점이 노인이 줄을 잡아당기는 데서 오는 긴장감 때문이라 생각했다. 두 번이나 현기증이 났다는 것이 걱정스러웠다. 이 같은 상태로 고기와 함께 죽을 수는 없다. 그래서 신에게 견뎌 낼 수 있도록 도와 달라고 기도했다. 그리고 천주경 과 성모경을 백 번 암송하겠다고 했다.

The sun was rising for the third time since he had put to sea when the fish started to circle. (86)

Why was I not born with two good hands? he thought. Perhaps it was my fault in not training that one properly. But God knows he has had enough chances to learn. He did not do so badly in the night, though, and he has only cramped once. If he cramps again let the line cut him off. (85)

It has more nourishment than almost any fish, he thought. At least the kind of strength that I need. Now I have done what I can, he thought. Let him begin to circle and let the fight come. (86)

"He is making the far part of his circle now," he said. I must hold all I can, he thought. The strain will shorten his circle each time. Perhaps in an hour I will see him. Now I must convince him and then I must kill him. (87)

But the fish kept on circling slowly and the old man was wet with

73

sweat and tired deep into his bones two hour later. But the circles were much shorter now and from the way the line slanted he could tell the fish had risen steadily while he swam. (87)

For an hour the old man had been seeing black spots before his eyes and the sweat salted his eyes and salted the cut over his eye and on his forehead. He was not afraid of the black spots. They were normal at the tension that he was pulling on the line. Twice, though, he had felt faint and dizzy and that had worried him. "I could not fail myself and die on a fish like this," he said. "Now that I have him coming so beautifully, God help me endure. I'll say a hundred Our Fathers and a hundred Hail Marys." (87)

노인은 지금 기도할 때가 아니므로 지금 기도한 것으로 해 두고 나중에 다시 기도하겠다고 약속했다. 노인은 고기가 주둥이로 쇠줄을 치는 것을 느꼈다. 무역풍이 일기 시작했을 때 노인은 고기를 끌어올리기 위해서는 무역풍이 필요하다는 희망적인 생각을 했다. 그는 뒤돌아 가기 위해 남서쪽으로 배를 몰았다. 쿠바가 매우 긴 섬이기 때문에 바다에서 길을 잃지 않을 수 있다. 고기가 세 번째로 회전할 때 노인은 배 아래로 고기가 지나가는 것을 보았다. 그는 그렇게 큰 고기라는 것을 믿을 수가 없었다. 결국, 그는 고기 꼬리의 큰 낫을 보게 되었다. 노인은 오래전에 작살을 준비했다. 그리고 자신에게 차분하고 강해야 한다고 다짐하고 고기 가까이 갔다. 노인이 고기에게 가까이 갈 때마다 고기는 왼쪽으로

가면서 멀리 헤엄쳐 갔다. 노인은 고기가 자신을 죽이려 한다고 생각했고 그럴 권리가 있다고 생각했다. 왜냐하면, 그가 지금까지 봤던 어떤 고기보다 크기 때문이다. 그리고 그가 형제라고 부른 어떤 고기보다 아름답고 차분하고 고상하기 때문에 그렇다. 와서 나를 죽여 봐라. 누가 나를 죽이는가에 대해서 신경을 안 쓴다.

"But I cannot say them now." Consider them said, he thought. I'll say them later. (87)

He is hitting the wire leader with his spear, he thought. That was bound to come. He had to do that. It may make him jump though and I would rather he stayed circling now. The jumps were necessary for him to take air. But after that each one can widen the opening of the hook wound and he can throw the hook. "Don't jump, fish," he said. "Don't jump." The fish hit the wire several times more and each time he shook his head the old man gave up a little line. (88)

I'm tireder than I have ever been, he thought, and now the trade wind is rising. But that will be good to take him in with. I need that badly. "I'll rest on the next turn as he goes out," he said. "I feel much better. Then in two or three turns more I will have him." (89)

"I'll just steer south and west," he said. "A man is never lost at sea

75

and it is a long island." It was on the third turn that he saw the fish first. He saw him first as a dark shadow that took so long to pass under the boat that he could not believe its length. "No," he said. "He can't be that big." But he was that big and at the end of this circle he came to the surface only thirty yards away and the man saw his tail out of water. It was higher than a big scythe blade and a very pale lavender above the dark blue water. (90)

The old man was sweating now but from something else besides the sun. On each calm placid turn the fish made he was gaining line and he was sure that in two turns more he would have a chance to get the harpoon in. But I must get him close, close, close, he thought. I mustn't try for the head. I must get the heart. "Be calm and strong, old man," he said. On the next circle the fish's back was out but he was a little too far from the boat. On the next circle he was still too far away but he was higher out of water and the old man was sure that by gaining some more line he could have him alongside. He had rigged his harpoon long before and its coil of light rope was in a round basket and the end was made fast to the bitt in the bow. (91)

You are killing me, fish, the old man thought. But you have a right to. Never have I seen a greater, or more beautiful, or a calmer or more noble thing than you, brother. Come on and kill me. I do not care who kills who. (92)

그러나 노인은 즉각적으로 자신에게 인간이나 고기가 당하는 고통을 생각하지 말고 머리를 식히자고 말한다. 고기에게 고통을 가하려고 노인은 그에게 남은 힘에 노력과 자존심까지 합쳐서 싸웠다. 마침내 충분히 가까이 고기를 유인했고, 가능한 한 작살을 높이 들어 마지막 남은 힘까지 모두 짜내어 노인의 가슴 높이까지 올려 고기의 가슴지느러미 옆구리를 향해 힘껏 내리꽂았다.

Now you are getting confused in the head, he thought. You must keep your head clear. Keep your head clear and know how to suffer like a man. Or a fish, he thought. (92)

He took all his pain and what was left of his strength and his long gone pride and he put it against the fish's agony and the fish came over onto his side and swam gently on his side, his bill almost touching the planking of the skiff and started to pass the boat, long, deep, wide, silver and barred with purple and interminable in the water. (93)

The old man dropped the line and put his foot on it and lifted the harpoon as high as he could and drove it down with all his strength, and more strength he had just summoned, into the fish's side just behind the great chest fin that rose high in the air to the altitude of the man's chest. He felt the iron go in and he leaned on it and drove it further and then pushed all his weight after it. (94)

"Keep my head clear," he said against the wood of the bow. "I am a tired old man. But I have killed this fish which is my brother and now I must do the slave work." Now I must prepare the nooses and the rope to lash him alongside, he thought. Even if we were two and swamped her to load him and bailed her out, this skiff would never hold him. I must prepare everything, then bring him in and lash him well and step the mast and set sail for home. (95)

He started to pull the fish in to have him alongside so that he could pass a line through his gills and out his mouth and make his head fast alongside the bow I want to see him, he thought, and to touch and to feel him. He is my fortune, he thought. (95)

노인은 형제라고 불렀던 고기를 죽인 후에 고기를 배에 묶고 가져가야 겠다고 생각했다. 노인은 이 고기를 자신에게 행운이라고 생각했다. 노인은 자신이 두 번째 작살을 밀어 넣었을 때 고기의 심장이 어떠했을지 생각해 봤다. 노인은 고기를 배에 묶을 때 사용한 줄에 대해 걱정하지 않았다. 집에 가서 소년과 함께 줄을 이으면 된다고 생각했다. 노인은 이 고기가 가져다 줄 많은 돈도 생각했지만, 무엇보다 디마지오가 오늘 자신을 자랑스럽게 여길 것이라고 생각했다. 물론 자신은 발목뼈가 아프지 않지만, 손과 등이 많은 상처를 입어서 같은 상황이라고 생각했다. 노인은 고기를 끌어 올리고 필요한 힘을 얻기 위해서 수분과 영양분이 필요했다. 노인은 작살로 해초를 올려서 털었다. 떨어진 새우를 먹었다. 그리고 물병에 물도 좀 마셨다. 집으로 향하는데 머리가 맑지 않았다. 노인은 고기가 자신을 데려가는지 아니면 자신이 고기를 데리고 가는지 생각하기 시작했다. 노인은 고기가 자신을 끌고 가는 것이 고기를 기쁘게 해 준다면 고기가 자신을 끌고 가는 것으로 해도 좋다고 생각했다. 그 이유는 그렇게 한다고 해서 고기가 노인을 해치지 않고 노인이 고기보다 계략이 좋기 때문이다.

"I need a pencil for that," he said. "My head is not that clear. But I think the great DiMaggio would be proud of me today. I had no bone spurs. But the hands and the backs hurt truly." I wonder what a bone spur is, he thought. Maybe we have them without knowing of it. (97)

The old man still had two drinks of water in the bottle and he used half of one after he had eaten the shrimps. The skiff was sailing well considering the handicaps and he steered with the tiller under his arm. (98)

Then his head started to become a little unclear and he thouhgt, is he bringing me in or am I bringing him in? If I were towing him behind there would be no question. Nor if the fish were in the skiff, with all dignity gone, there would be no question either. But they were sailing together lashed side by side and the old man thought, let him bring me in if it pleases him. I am only better than him through trickery and he meant me no harm. (99)

노인은 집으로 향하면서 자신이 잡은 고기를 보면서 자신이 한 일에 대해서 생각한다. 그런데 한 시간 후에 첫 번째 상어가 공격했다. 이 공격은 우연한 게 아니다. 피의 냄새를 맡고 따라온 상어는 깊은 바다에서 공격했다. 상어는 빠르고 겁이 없다. 상어는 턱을 제외하면 아름답고 바다에서 모든 종류의 물고기를 먹을 수 있는 상어이다. 상어의 이는 노인의 손처럼 길고 매의 발톱처럼 생겼다. 고기를 배에 묶기 위해서 자른 밧줄이 짧아서 노인은 작살을 준비했다. 노인의 머리는 맑았다. 노인은 상어가 고기를 먹지 못하게 할 수 있는 것이 거의 없다는 것을 알게 됐다. 노인은 상어를 잡고 싶었다. 상어가 오늘 운이 좋지 않다고 생각했다. 상어가 꼬리 윗부분의 고기를 먹었다. 상어의 머리가 어디 있는지를 알고 있는 노인은 그의 힘과 의지 그리고 증오심으로 작살을 던졌다. 상어가 죽은 후에 노인은 상어가 고기의 40파운드와 작살과 밧줄을 가져갔다고 판단했다. 잡은 고기에서 다시 피가 났기 때문에 노인은 절단된 고기를 보고 싶지 않았다. 노인은 피 때문에 더 많은 상어가 올 것이라고 예상했다. 잠시나마 노인은 자신이 본 것 중에서 제일 큰 상어를 죽였다는 것에 대해 자신을 위로했다. 그는 집에서 고기를 잡은 것에 대한 꿈을 꾸었으면 했다. 즉 이와 같은 상황이 꿈이었으면 했다. 그는 곧 인간은 파괴될 수는 있어도 패배할 수는 없다는 것을 자신에게 상기시켰다.

The old man looked at the fish constantly to make sure it was true. It was an hour before the first shark hit him. The shark was not an accident. He had come up from deep down in the water as the dark cloud of blood had settled and dispersed in the mile deep sea. (100)

Sometimes he lost the scent. But he would pick it up again, or have just a trace of it, and he swam fast and hard on the course. He was a very big Mako shark built to swim as fast as the fastest fish in the sea and everything about him was beautiful except his jaws. His back was as blue as a sword fish's and his belly was silver and his hide was smooth and handsome. (100)

They were not the ordinary pyramid-shaped teeth of most sharks. They were shaped like a man's fingers when they are crisped like claws. They were nearly as long as the fingers of the old man and they had razor-sharp cutting edges on both sides. (101)

When the old man saw him coming he knew that this was a shark that had no fear at all and would do exactly what he wished. He prepared the harpoon and made the rope fast while he watched the shark come on. The rope was short as it lacked what he had cut away to lash the fish. (101)

The old man's head was clear and good now and he was full of resolution but he had little hope. It was too good to last, he thought. He took one look at the great fish as he watched the shark close in. It might as well have been a dream, he thought. I cannot keep him from hitting me but maybe I can get him. **Dentuso**, he thought. Bad luck to your mother. (101)

The shark closed fast astern and when he hit the fish the old man saw his mouth open and his strange eyes and the clicking chop of the teeth as he drove forward in the meat just above the tail. The shark's head was out of water and his back was coming out and the old man could hear the noise of skin and flesh ripping on the big fish when he rammed the harpoon down onto the shark's head at a spot where the line between his eyes intersected with the line that ran straight back from his nose. There were no such lines. (102)

But that was the location of the brain and the old man hit it. He hit it with his blood mushed hands driving a good harpoon with all his strength. He hit it without hope but with resolution and complete malignancy. (102)

"He took about forty pounds," the old man said aloud. He took my harpoon too and all the rope, he thought, and now my fish bleeds again and there will be others. He did not like to look at the fish anymore since he had been mutilated. When the fish had been hit it was as though he himself were hit. But I killed the shark that hit my fish, he thought. And he was the biggest *dentuso* that I have ever seen. And God knows that I have been big ones. It was too good to last, he thought. I wish it had been a dream now and that I had never hooked the fish and was alone in bed on the newspapers. "But man is not made for defeat," he said. "A man can be destroyed but not defeated." (103)

기분이 좋지 않지만, 노인은 계속 항해해야 하고 닥치는 것을 처리해야만 한다. 노인은 생각하지 않을 수 없다. 생각하는 것과 야구는 그가 할 수 있는 두 가지이다. 노인은 자신의 손에 있는 상처가 디마지오의 부상만큼 불리한 조건인지 생각했다. 발목뼈가 아픈 적이 없어서 알 수 없었다. 노인은 상어에게 40파운드를 빼앗겨서 배가 그만큼 가볍게 항해할 수 있고 집에 점점 가까워져서 좋지 않으냐고 자신에게 위안했다.

노인은 더 많은 상어가 다가올 것을 알고 있다. 그렇지만 그 상어에 대항해서 노인이 할 수 있는 것은 아무것도 없다. 갑자기 칼을 노의 손잡이에 매어 두어야겠다는 생각이 났다. 자신은 여전히 노인이지만 그렇다고 무방비 상태는 아니라고 노인은 생각했다.

그 순간 노인은 그것에 대해 이해도 못하고 해야 할 일이 너무 많으므로 죄에 관해 생각하지 않기로 했다. 그러나 자신을 지키고 여러 사람을 먹이기 위해 고기를 죽인다고 할지라도 고기를 죽이는 것은 죄가 될 것이라고 생각했다. 고기가 고기로 태어난 것처럼 성 베드로도 위대한 디마지오의 아버지처럼 어부였고, 노인은 어부가 되기 위해 태어났다. 그래서 노인은 자부심을 느끼고 고기를 죽인 것으로 생각했다. 또한 고기를 사랑했기 때문에 고기를 죽인 것은 죄가 되지 않는다고 생각했다.

노인은 살아 있는 고기만 잡아먹고, 아름다우며 고상하고, 겁 없는 상어를 죽이는 것을 즐긴다는 것을 인정했다. 노인은 상어를 죽이는 일은 정당방위고 그 상어를 죽이는 것은 잘된 일이라고 결정했다. 모든 동물은 서로 죽인다. 고기를 잡는 일은 자신을 지키는 일이지만 그만큼 자신을 죽이는 일이기도 하다.

Now the bad time is coming and I do not even have the harpoon. The *denture* is cruel and able and strong and intelligent. But I was more intelligent than he was. Perhaps not, he thought. Perhaps I was only better armed. "Don't think, old man," he said aloud. "Sail on this course and take it when it comes." But I must think, he thought Because it is all I have left. That and baseball. (103)

I wonder how the great DiMaggio would have liked the way I hit him in the brain? It was no great thing, he thought. Any man could do it. But do you think my hands were as great a handicap as the bone spurs? I cannot know. I never had anything wrong with my heel except the time the sting ray stung it when I stepped on him when swimming and paralyzed the lower leg and made the unbearable pain. "Think about something cheerful, old man," he said. "Every minute now you are closer to home. You sail lighter for the loss of forty pounds." (104)

He knew quite well the pattern of what could happen when he reached the inner part of the current. But there was nothing to be done now. "Yes, there is." he said aloud. "I can lash my knife to the butt of one of the oars." So he did that with the tiller under his arm and the sheet of the sail under his foot. "Now," he said. "I am still an old man. But I am not unarmed." (104)

It is silly not to hope, he thought. Besides I believe it is a sin. Do not think about sin, he thought. There are enough problems now without sin. Also I have no understanding of it.

I have no understanding of it and I am not sure that I believe in it. Perhaps it was a sin to kill the fish. I suppose it was even though I did it to keep me alive and feed many people. But then everything is a sin. Do not think about sin. It is much too late for that and there are people who are paid to do it. Let them think about it. You were born to be a fisherman as the fish was born to be a fish. San Pedro was a fisherman as was the father of the great DiMaggio. (104~105)

But he liked to think about all things that he was involved in and since there was nothing to read and he did not have a radio, he thought much and he kept on thinking about sin. You did not kill the fish only to keep alive and to sell for food, he thought. You killed him for pride and because you are a fisherman. You love him when he was alive and you loved him after. If you love him, it is not a sin to kill him. Or is it more? "You think too much, old man," he said aloud. (105)

But you enjoy killing the *dentuso*, he thought. He lives on the live fish as you do. He is not a scavenger nor just a moving appetite as some sharks are. He is beautiful and noble and knows no fear of anything. (105)

"I killed him in self-defense," the old man said aloud. "And I killed him well." Besides, he thought, everything kills everything else in some way. Fishing kills me exactly as it keeps me alive. (106)

노인은 자신을 살아 있게 해 주는 것은 소년이고, 나 자신을 너무 많이 속이지 말아야 한다고 자신에게 상기시켰다. 노인은 고기 한 점을 떼었다. 그리고 맛을 보았다. 씹어 보니 질도 맛도 좋아서 시장에 내놓으면 최고가로 잘 팔릴 것 같았다. 그러나 그는 바닷물에 피 냄새가 번져 나가는 것을 막을 방법이 없다. 그래서 더 많은 상어가 올 것이라는 것을 잘 알고 있다. 두 시간 항해하는 동안 노인은 힘을 회복하기 위해 쉬기도 하고 고기를 씹어 먹기도 했다.

The boy keeps me alive, he thought. I must not deceive myself too much. He leaned over the side and pulled loose a peace of meat of the fish where the shark had cut him. He chewed it and noted its quality and its good taste. It was firm and juicy, like meat, but it was not red. There was no stringiness in it and he knew that it would bring the highest price in the market. But there was no way to keep its scent out of the water and the old man knew that a very bad time was coming. (106)

He had sailed for two hours, resting in the stern and sometimes chewing a bit of meat from the marlin, trying to rest and to be strong, when he saw the first of the two sharks. (107)

노인은 삽코상어(Shovel-Nosed Sharks) 중에서 첫 번째 것을 보았을 때 "아, 아(Ay)." 하는 소리를 냈다. 이것은 마치 못이 손바닥을 뚫고 지나가 나무에 박힐 때 나는 소리와 같다. 노인은 두 삽코상어를 갈라노(Galanos)라 불렀다. 그놈들은 매우 배가 고파서 노인이 잡은 고기로 다가왔다. 삽코상어는 악취를 풍기고 썩은 고기도 먹고 닥치는 대로 먹는다. 이 상어는 자는 거북의 다리를 잘라 먹고, 배고프면 피 냄새도 없고 고기 냄새도 없는 사람도 공격하는 상어이다. 삽코상어는 이전의 상어와는 다르게 노인이 잡은 고기를 공격했다. 고기를 들이받고 물어뜯을 때 배가 흔들리는 것을 느끼게 공격했다. 다친 손으로 노인은 칼을 노에다 묶고 묶은 노를 들어서 상어의 뇌에 강타하고 다시 눈 쪽에다 강타했다. 노인은 상어가 밑에서 떨어져 나오게 배를 돌렸다. 그리고 다시 찔렀다. 가죽이 매우 두꺼워서 겨우 들어갈 정도였다. 온 힘을 다해서 노인은 손과 어깨가 아플 정도였다. 그렇지만 계속해서 머리와 눈을 공격했고 결국에는 상어가 죽을 때까지 계속 공격했다. 노인은 칼을 닦고 다시 항해를 시작했다. 삽코상어가 자신이 잡은 고기의 4분의 1 정도를 가져갔다고 생각했다. 노인은 고기에게 사과했다. 노인은 다음과 같이 말했다. "내가 이렇게 멀리까지 나오지 말았어야 했는데. 너와 나를 위해서라도 미안하다, 고기야."

"Ay," he said aloud. There is no translation for this word and perhaps it is just a noise such as a man might make, involuntarily, feeling the nail go through his hands and into the wood. (107)

"*Galanos*," he said aloud. He had seen the second fin now coming up behind the first and had identified them as shovel-nosed sharks by the brown, triangular fin and the sweeping movements of the tail. They had the scent and were excited and in the stupidity of their great hunger they were losing and finding the scent in their excitement. But they were closing all the time. (107)

He could see their wide, flattened, shovel-pointed heads now and their white-tipped wide pectoral fins. They were hateful sharks, bad smelling, scavengers as well as killers, and when they were hungry they would bite at an oar or the rudder of a boat. It was these sharks that would cut the turtles' legs and flippers off when the turtles were asleep on the surface, and they would hit a man in the water, if they were hungry, even if the man had no smell of fish blood nor of fish slime on him. "Ay," the old man said, "*Galanos*. Come on *galanos*." (108)

They came, But they did not come as the Mako had come. One turned and went out of sight under the skiff and the old man could feel the skiff shake as he jerked and pulled on the fish. The other watched the old man with his slitted yellow eyes and then came in fast with his half circle of jaws wide to hit the fish where he had already been beaten. The line showed clearly on the top of his brown head and back where the brain joined the spinal cord and the old man drove the knife on the oar into the jucture, withdrew it, and drove it in again into the shark's yellow cat-like eyes. The shark let go of the fish and slide down, swallowing what he had taken as he died. (108)

The skiff was still shaking with the destruction the other was doing to the fish and the old man let go the sheet so that the skiff would swing broadside and bring the shark out from under. When he saw the shark he leaned over the side and punched at him. He hit only meat and the hide was set hard and he barely got the knife in. The blow hurt not only his hands but his shoulder too. But the shark came up fast with his head out and the old man hit him squarely in the center of his flat-topped head as his nose came out of water and lay against the fish. The old man withdrew the blade and punched the shark exactly in the same spot again. He still hung to the fish with his jaws hooked and the old man stabbed him in his left eye. The shark still hung there. (109)

"No?" the old man said and he drove the blade between the vertebrae and the brain. It was an easy shot now and he felt the cartilage sever. The old man reversed the oar and put the blade between the shark's jaws to open them. He twisted the blade and as the shark slide loose he said, "Go on, *galano*. Slide down a mile deep. Go see your friend, or maybe it's your mother." (109)

"They must have taken a quarter of him and of the best meat," he said aloud. "I wish it were a dream and that I had never hooked him. I'm sorry about it, fish. It makes everything wrong." He stopped and he did not want to look at the fish now. Drained of blood and awash he looked the colour of the silver backing of a mirror and his stripes still showed. "I shouldn't have gone out so far, fish," he said. "Neither for you nor for me. I'm sorry, fish." (110)

노인은 묶여 있는 칼을 확인했다. 그리고 칼을 갈 수 있는 돌을 가져왔으면 좋았을 것을 하고 생각했다. 노인은 가져오지 않은 것을 가지고 후

회하지 말고 현재 가지고 있는 것으로 고기를 지킬 방법을 생각하라고 책망한다. 그는 큰 소리로 자신에게 충고를 많이 했다. 그러나 그 충고도 지겹고 넌더리난다고 말한다. 노인은 배가 매우 가벼워진 것을 생각하면서 고기가 손상된 것에 대해서는 생각하지 않았다. 노인은 잡은 고기 하나만 있으면 한 사람이 겨우내 충분히 먹을 수 있으리라 생각했다. 그리고 더 생각하지 않았다. 노인은 고기를 잡은 것이 꿈이었으면 했다. 그러나 다시 이 모든 것이 잘될 수 있다고 생각했다. 다음 삽코상어가 큰 주둥이를 벌리고 여물통에 덤벼드는 것처럼 다가왔다. 노인은 삽코상어를 찔러서 죽였다. 그러나 칼이 부러지고 말았다. 노인을 매혹하는 장면이기는 하지만 노인은 죽은 상어가 깊은 바닷속으로 사라지는 것을 보지 않았다. 노인은 매우 지쳤다. 그는 너무 늙어서 상어를 칠 수 없을 것 같다는 느낌이 들었다. 그러나 노인은 배에 남아 있는 노, 곤봉, 그리고 나머지 것들을 가지고 노력하기로 했다. 노인은 자신이 매우 지쳐 있다는 것을 인정했다.

Now, he said to himself. Look to the lashing on the knife and see if it had been cut. Then get your hand in order because there still is more to come. "I wish I had a stone for the knife," the old man said after he had checked the lashing on the oar butt. "I should have brought a stone." You should have brought many things, he thought. But you did not bring them, old man. Now is no time to think of what you do not have. Think of what you can do with what there is. "You give me much good counsel," he said aloud. "I am tired of it." (110)

"But she's much lighter now." He did not want to think of the mutilated under-side of the fish. He knew that each of the jerking bumps of the shark had been meat torn away and that the fish now made a trail for all sharks as wide as a highway through the sea. (111)

He was a fish to keep a man all winter, he thought. Don't think of that. Just rest and try to get your hands in shape to defend what is left of him. The blood smell from my hands means nothing now with all that scent in the water. Besides they do not bleed much. There is nothing cut that means anything. The bleeding may keep the left from cramping. What can I think of now? he thought. Nothing. I must think of nothing and wait for the next ones. I wish it had really been a dream, he thought. But who knows? It might have turned out well. (111)

The next shark that came was a single shovelnose. He came like a pig to the through if a pig had a mouth so wide that you could put your head in it. The old man let him hit the fish and then drove the knife on the oar down into his brain. But the shark jerked backward as he rolled and the knife blade snapped. (111)

The old man settled himself to steer. He did not even watch the big shark sinking slowly in the water, showing first life-size, then small, then tiny. That always fascinated the old man. But he did not even watch it now. "I have the gaff now," he said. "But it will do no good. I have the two oars and the tiller and the short club." Now they have beaten me, he thought. I am too old to club sharks to death. But I will try it as long as I have the oars and the short club and the tiller. "You are tired, old man," he said. "You are tired inside." (112)

해가 지자 상어가 다시 공격했다. 노인은 첫 번째 상어가 잡은 고기를 먹도록 허용했다. 먹는 동안에 머리를 강하게 때렸다. 잡은 고기에서 멀어질 때까지 코와 머리 부분을 계속 공격했다. 두 번째 상어는 이미 잡은 고기를 먹고 있었고 턱에 이미 고기가 있었다. 노인은 곤봉으로 상어를 쳤을 때 상어가 노인을 보고 고기를 비틀었다. 상어가 다시 왔을 때 노인은 계속해서 상어가 떠날 때까지 계속 공격했다. 잠시 물러났다 싶었는데 또 한 마리가 원을 그리며 다가왔다. 자신이 한창 때라면 몰라도 노인은 도저히 상어를 죽일 수 없을 것 같았다. 그러나 두 놈을 두들겨 패줬으니 많이 힘들어할 것이라고, 두 손을 잘 사용할 수 있었으면 첫 번째 놈을 분명히 죽일 수 있었을 것이라고 생각했다.

반절 이상이 손상된 고기에 대해 노인은 생각하지 않으려 했다. 밤이 되고 노인은 아바나의 불빛 아니면 새로운 해변을 볼 수 있을 것을 알고 있었다. 그리고 누구도 자신에 대해서 걱정하지 않았으면 했다. 소년은 자신을 믿고 있겠지만 걱정을 할 것이라고 생각했다. 그러나 곧 노인은 노인 어부들과 다른 어부들이 자신을 걱정할 것이고 그래서 자신은 좋은 마을에 살고 있다고 생각했다.

The sharks did not hint him again until just before sunset. (112)

I must let the first one get a good hold and hit him on the point of the nose or straight across the top of the head, he thought. (113)

The two sharks closed together and as he saw the one nearest him open his jaws and sink them into the silver side of the fish, he raise the club high and brought it down heavy and slamming on the top of the shark's broad head. He felt the rubbery solidity as the club came down. But he felt the rigidity of bone too and he struck the shark once more hard across the point of the nose as he slide down from the fish. (113)

The other shark had been in and out and now came in again with his jaws wide. The old man could see pieces of the meat of the fish spilling white from the corner of his jaws as he bumped the fish and closed his jaws. He swung at him and hit only the head and the shark looked at him and wrenched the meat loose. The old man swung the club down on him again as he slipped away to shallow and hit only the heavy solid rubberiness. (114)

"Come on, *galano*," the old man said. "Come in again."

The shark came in a rush and the old man hit him as he shut his jaws. He hit him solidly and from as high up as he could raise the club.

94

This time he felt the bone at the base of the brain and he hit him again in the same place while the shark tore the meat loose sluggishly and slide down from the fish. (114)

The old man watched for him to come again but neither shark showed. Then he saw one on the surface swimming in circles. He did not see the fin of the other. (114)

I could not expect to kill them, he thought. I could have in my time. But I have hurt them both badly and neither one can feel very good. If I could have used a bat with two hands I could have killed the first one surely. Even now, he thought. (114)

He did not want to look at the fish. He knew that half of him had been destroyed. The sun had gone down while he had been in the fight with the sharks. "It will be dark soon," he said. "Then I should see the glow of Havana. If I am too far to the eastward I will see the lights of one of the new beaches." I cannot be too far out now, he thought. I hope no one has been too worried. There is only the boy to worry, of course. But I am sure he would have confidence. Many of the older fishermen will worry. Many others too, he thought. I live in a good town. (115)

노인은 고기에게 멀리 나온 것에 대해 다시 사과했다. 노인은 고기와 자신이 많은 상어를 죽였으며, 고기는 머리에 뾰족한 주둥이를 가지고 서 얼마나 많은 고기를 죽였을지 생각했다. 만약 도끼를 가지고 있고 잡은 고기의 입을 묶지 않았더라면 어마어마한 무기를 가지고 싸울 만했다고 노인은 믿었다. 밤에 상어가 다시 왔을 때 그가 할 수 있는 것이 무엇인지 생각해 봤다. 노인은 그가 죽을 때까지 상어와 싸우기로 했다.

"Half fish," he said. "Fish that you were. I am sorry that I went too far out. I ruined us both. But we have killed many sharks, you and I, and ruined many others. How many did you ever kill, old fish? You do not have that spear on your head for nothing." (115)

He liked to think of the fish and what he could do to a shark if he were swimming free. I should have chopped the bill off to fight them with, he thought. But there was no hatchet and then there was no knife. But if I had, and could have lashed it to an oar butt, what a weapon. Then we might have fought them together. What will you do now if they come in the night? What can you do?

"Fight them," he said. "I'll fight them until I die." (115)

노인은 죽지 않은 데서 오는 고통을 잘 알고 있었다. 고기를 잡으면 기도를 하겠다고 약속한 것을 기억했다. 그러나 너무나 피곤해서 지금은 할 수가 없다. 그는 자신이 잡은 고기의 반절이라도 가져갈 수 있는 행운을 기대했다. 그리고 너무 멀리 항해를 나와서 자신의 행운을 깨지나 않을지 걱정이었다. 어리석은 생각 말고 집중하기로 했다. 노인은 행운을 살 수 있다면 좋겠다고 생각했다. 부러진 칼, 잃어버린 작살, 엉망이 된 두 손으로 행운을 살 수 있을지에 대해 생각했다. 바다에서 고기 한 마리 잡지 못한 84일로 행운을 거의 잡을 수 있었고 노인은 거의 팔 뻔했다고 생각했다. 행운은 여러 가지 형태로 나타날 수 있다. 그리고 어떠한 형태로든지 노인은 행운을 잡을 수 있고 행운이 자신에게 요구하는 만큼 지급할 수 있다. 노인은 당장 아바나의 불빛밖에 바라는 것이 없다고 생각했다.

I have all those prayers I promised if I caught the fish, he thought. But I am too tired to say them now. I better get the sack and put it over my shoulders. (116)

He lay in the stern and steered and watched for the glow to come in the sky. I have half of him, he thought. Maybe I'll have the luck to bring the forward half in. I should have some luck. No, he said, You violated your luck when you went too far outside.

"Don't be silly," he said aloud. "And keep awake and steer. You may have much luck yet."

"I'd like to buy some if there's any place the sell it," he said.

What could I buy it with? he asked himself. Could I buy it with a lost harpoon and a broken knife and two bad hands?

"You might," he said. "You tried to buy it with eight-four days at sea.

They nearly sold it to you too."

I must not think nonsense, he thought. Luck is a thing that comes in many forms and who can recognize her? I would take some though in any form and pay what they asked. I wish I could see the glow from the lights, he thought. I wish too many things. But that is the thing I wish for now. He tried to settle more comfortably to steer and from his pain he knew he was not dead. (117)

밤 열 시 정도에 그는 불빛을 보았다. 노인은 몸이 빳빳하고 상처 부위가 쓰라리고 몸이 안 좋았다. 그래서 더 이상 싸움이 없기를 기대했다. 그러나 상어가 떼로 몰려왔다. 상어가 배 밑에서 고기를 물고 흔들어 대서 배가 흔들리는 것을 느꼈지만 그는 상어를 보지 못했다. 그는 어떤 것에게 곤봉을 빼앗길 때까지 어둠 속에서 그가 느끼고 듣는 것에 의지하여 필사적으로 때렸다. 키가 부러질 때까지 키를 가지고 계속 때렸다. 노인은 부러진 키의 손잡이로 상어를 찔렀다. 상어가 뒹굴면서 물러갈 때까지 뾰족한 것으로 찔렀다.

He saw the reflected glare of the lights of the city at what must have been around ten o'clock at night? (117)

He was stiff an sore now and his wounds and all of the strained parts of his body hurt with the cold of the night. I hope I do not have to fight again, he thought. I hope so much I do not have to fight again. But by midnight he fought and this time he knew the fight was useless. They came in a pack and he could only see the lines in the water that their fins made and their phosphorescence as they threw themselves on the fish. He clubbed at heads and heard the jaws chop and the shaking of the skiff as they took hold below. He clubbed desperately at what he could only feel and hear and he felt something seize the club and it was gone. (118)

He jerked the tiller free from the rubber and beat and chopped with it, holding it in both hands and driving it down again and again. But they were up to the bow now and driving in one after the other and together, tearing off the pieces of meat that showed glowing below the sea as they turned to come once more. (118)

One came, finally, against the head itself and he knew that it was over. He swung the tiller across the shark's head where the jaws were caught in the heaviness of the fish's head which would not tear. He swung it once and twice and again. He heard the tiller break and he lunged at the shark with the splintered butt. He felt it go in and knowing it was sharp he drove it in again. The shark let go and rolled away. That was the last shark of the pack that came. There was nothing more for them to eat. (119)

이제 먹을 것이라곤 하나도 없으므로 상어는 더 이상 오지 않았다. 여기저기 상처를 많이 입은 노인은 숨도 쉴 수가 없었다. 입에서 구리 같은 맛과 달콤한 느낌이 입안에 돌았다. 그는 바닷물에 침을 뱉었다. 그리고 상어에게 이 침이나 먹으라고, 그리고 너희들이 나를 죽이는 꿈을 꾸라고 말했다. 노인은 완전히 지쳐 있었다. 그는 손상된 키를 방향키에 맞추었다. 상어가 와서 남아 있는 고기를 먹든 말든 신경 안 쓰고 아무런 생각 없이 계속 집으로 향했다. 그는 배가 아주 가볍게 잘 달리고 있는 것을 알았다. 배는 키를 제외하고 손상된 것이 거의 없다. 해변 쪽에 있는 불빛을 따라가면서 노인은 바람이 때론 친구가 된다고 생각했다. 그리고 바다는 친구와 적 둘 다 될 수 있다고 생각했다. 자신의 침대가 진짜 친구이다. 피곤함에 지쳐 있을 때 아주 편안하게 해 주는 것이다. 자신을 이렇게 지치게 만드는 것이 무엇인가 자신에게 질문했을 때 그는 솔직하게 자신을 지치게 만든 것은 아무것도 없다고 말했다. 단지 자신이 너무 먼 바다까지 온 것이 문제이다. 자정 이후 모든 사람이 잠들었을 때 그는 드디어 해안에 도착했다.

The old man could hardly breathe now and he felt a strange taste in his mouth. It was coppery and sweet and he was afraid of it for a moment. But there was not much of it. (119)

He spat into the ocean and said, "Eat that, *galanos*. And make a dream you've killed a man." He knew he was beaten now finally and without remedy and he went back to the stern and found the jagged end of the tiller would fit in the slot of the rudder well enough for him to steer. He settled the sack around his shoulders and put the skiff on her course. He sailed lightly now and he had no thoughts nor any feelings of any kind. He was past everything now and he sailed the skiff to make his home port as well and as intelligently as he could. In the night sharks hit the carcass as someone might pick up crumbs from the table. The old man paid no attention to them and did not pay any attention to anything except steering. He only noticed how lightly and how well the skiff sailed now there was no great weight beside her. (119)

She is good, he thought. She is sound and not harmed in any way except for the tiller. That is easily replaced. He could feel he was inside the current now and he could see the lights of the beach colonies along the shore. He knew where he was now and it was nothing to get home. The wind is our friend, anyway, he thought. Then he added, sometimes. And the great sea with our friends and our enemies. And bed, he thought. Bed is my friend. Just bed, he thought. Bed will be a great thing. It is easy when you are beaten, he thought. I never knew how easy it was. And what beat you, he thought. "Nothing," he said aloud. "I went out too far." (120)

| Part Three Commentary

바다에서 발생한 두 번째 부분은 육지에서 발생한 두 부분보다 훨씬 길고 이야기의 중심적인 행동과 가장 역동적인 순간들로 구성된다. 평론가들은 이 부분에서 노인의 투쟁을 3일 동안 지속하는 하나의 시험으로 보았다. 그 투쟁은 고기(Marlin), 상어(The Mako Shark), 그리고 삽코상어(Shovel-Nosed Sharks)라는 3가지의 주요한 역경으로 나눠 볼 수 있다. 각각의 도전들은 행운과 신념을 요구하는 게임이면서 의식(의례)이다. 인간이 어떤 일을 할 때 자신이 간직한 신념만으로 안 되고 그렇다고 행운만 있어서도 안 된다. 즉 신념과 행운을 모두 필요로 하는 일이 있다. 노인이 혼자서 크게 말하는 것과 같은 장치를 서술 태도와 결합하고 노인의 생각들을 서술 태도로 나타내기도 하고, 이 같은 방식들에서 내적인 독백과 같은 종류로 미묘하게 바꿔 가면서 작가는 이 부분에서 시점을 전지적 작가 시점에서 노인의 시점으로 바꾼다. 의식의 흐름(stream of consciousness)은 서술자의 마음을 관통하는 다양한 느낌과 생각들을 묘사하기 위해서 시도하는 서술태도(a narrative mode)를 뜻한다. 작가는 의식의 흐름을 제한적 의식의 흐름(limited stream of consciousness)으로 바꿔서 등장인물의 생각과 느낌을 표현한다. 등장인물들의 생각과 느낌을 제한된 의식의 흐름으로 전달하기 위해서 작가는 노인의 피곤한 마음으로 파고들어가는 방식을 이용해서 생각과 의지를 표출했다. 여과 없이 느낌과 생각을 전달하는 것이 아니라, 억제되고 최소한의 표현을 사용한다. 그러나 이 기법은 실질적으로 연속적으로 발생하는 이미지, 암시, 행동, 주제 등을 통해서 의도적이고 강하게 연결된 생각들의 느슨한 관계에 의존한다.

두 번째 부분 내내 작가는 이 소설의 앞부분에서 나타냈거나 도입한 주제나 행동들을 완전히 극적으로 만들었다. 고기의 배경(Marlin Setting)과 적절한 몇 가지 사건들은 이 부분에서 중요한 전투를 예상하게 한다. 매에게 쫓기게 될 군함새(Man of War Bird)와 물새(Warbler)와 날개 달린 고기를 끌어 올리려고 시도하는 장면은 앞으로 발생할 노인의 투쟁을 예견한다. 작가는 초기의 야구 암시와 이미지를 재도입했고 고기가 처음으로 물 위로 점프했을 때 노인은 주둥이가 야구 방망이처럼 보였다고 묘사했다.

삽코상어와 싸운 이후에 노인은 야구 방망이가 있으면 좋겠다고 생각했다. 작가는 고기와 노인을 위대한 디마지오의 고상함, 인내력과 연결한다. 작가는 자신의 기술에 대한 노인의 헌신과 어부로서의 엄청난 기술을 드러내고 극화한다(Unfold and Dramatized). 노인이 상어와의 싸움에서 고기를 지킬 수 있도록, 고기를 잡을 수 있도록 도와 달라고 기도를 하면서 간절히 기원하는 장면에서 작가는 종교적 신념과 행운을 연결시킨다.

주제, 암시, 반복적인 행동 또는 이와 같은 것의 재도입을 뒷받침하면서 작가는 반복적인 소리와 음률과 단어와 문장 구조의 문체적인 기법을 활용했다. 이를 통해 같은 이미지, 암시, 주제 등을 강화한다. 이런 반복과 재도입은 소설의 순환을 보완해 준다.

예를 들면 이 소설의 기본구조는 육지에서 바다로 다시 육지로 돌아오는 노인의 여정에서 나온다. 모든 생명체의 존재의 본질은 젊은 사람들에서부터 노인들에게로 그리고 한 세대에서 다음 세대로 기억과 집단적 지식을 전해 주는 것으로 이루어진다.

사냥꾼(Hunter)과 먹잇감(Hunted), 포식자(Predator)와 사냥감(Prey)처럼 자연계의 질서는 공동의 운명과 상호의존에 있는 모든 생명체를 한데 묶어 준다. 생명체는 어떤 것에게는 포식자이지만 어떤 것에 대해서는 사냥감이 된다. 자연계에는 영원한 승자도 없고 영원한 패자도 없다. 자연이라는 세계에서는 모두가 공존하면서 살아가야 한다. 노인이 지적한 것처럼 "이 세상에 존재하는 모든 것들은 그 밖의 모든 것들을 죽인다(Everything kills everything else in the world)." 그래서 서로서로 돕고 이해하고 함께 공존하는 것을 알아야 하고 배워야 한다. 이런 관점은 배에 모터를 장착해서 바다에 있는 모든 고기를 마구 잡는 젊은 어부들과는 다른 생각이다. 노인이 소중하게 생각하는 삶의 자세이면서 개인 철학이다. 84일간 고기 한 미리 잡지 못한 실패에서 고기를 잡으며 어렵게 얻은 승리(Hard Won Victory), 상어의 공격으로 인한 비극적인 손실과 이야기 마지막의 구원에 이르기까지 노인의 운명은 순환(Cycle)을 나타낸다.

노인이 돌고래(Porpoises), 거북, 날치에 대해서 형제의 감정을 느낀 것처럼, 노인이 다른 낚싯줄에서 고기의 잡아당김을 느끼는 순간부터 노인은 다양한 방식으로 고기와 연결(연대)감을 느낀다. 노인은 자신과 연결된 느낌이 드는 생명체들을 의인화한다. 비록 노인이 고기의 성을 알지 못한다고 할지라도 고기를 그(He)라고 언급한다.

노인은 고기에 대해서 연민과 존경을 표한다. 그리고 깊은 물속에서 잡히지 않기 위해서 노력하는 고기와 마을에서 자신이 이렇다 할 성과를 내지 못하지만 의미 있는 성과를 내기 위해서 노력하는 자신의 상황과 동일시했다. 고기가 갑자기 요동을 치며 노인의 손에 상처가 생기자 즉각적으로 노인은 자신이 상처를 입는 것처럼 무엇인가가 고기에게 상처를 입혔음이 틀림없다고 추정한다. 고기가 고기로 태어난(To be a Fish) 운명인 것처럼 노인은 어부로 태어날 운명이었다고 생각했다. 피할 수 없는 상황과 고통 속에서 둘 다 욥을 연상시킨다.

기자인 헤밍웨이는 글을 전개하면서 정확한 세부사항을 나타내는 과정에서 생명체들을 제시한다. 그리고 그는 등장인물의 환경, 감정, 생각들을 전달하기 위해서 생명체를 이용한다. 시엔푸에고스(Cienfuegos) 출신의 흑인과 노인의 지루한 팔씨름처럼 작가는 뛰어난 어부의 긴 싸움을 나타내기 위해서 고기를 이용했다. 또한 노인이 소년에게 물려주고 싶어 하는 것을 표현하기 위해서 고기를 이용했다. 그 이유는 노인이 소유하고 있는 똑같은 자질을 고기가 가지고 있기 때문이다. 노인이 남기고 싶어 하는 것을 생명체를 통해서 조금씩 제시하고, 그 생명체가 가진 특징과 자신이 전하고 싶어 하는 특징을 잘 설명한다. 결국, 노인이 소년에게 물려주고 싶은 것은 고상한 정신, 삶의 성공, 자기 자신의 정체성과 방식의 신념, 인내, 아름다운 존엄(위엄) 등과 같은 것들이다.

노인은 순간적으로 고기를 시장에 내놓으면 얼마의 가격을 받을지 생각하면서도 고기가 계획을 세우고 있는 것인가 아니면 나처럼 필사적으로 싸우려고 하는 것인지 궁금해한다. 노인이 필사적으로 원하는 것은 정신적인 성취(Epic Catch)이다. 단순히 생존을 위한 것이 아니라 자신의 더 많은 기술을 증명하고 어부로서 자신의 정체성을 재확인하는 것이다. 그리고 마을에서 명성을 얻고 소년이 자신의 후계자가 되는 것이었다. 노인이 진정으로 원하는 것은 단순히 생존을 위한 물질이 아니고 정신적인 것임을 알 수 있다.

노인은 그 나름의 계획이 존재하고 무의미함으로부터 개인의 삶을 보완해 주는 자연계의 끊임없는 순환에 대해 생각한다. 자연과 자연에 존재하는 생물체들을 통해서 의미를 얻고 부족한 부분을 채우는 것이다. 즉 상호 간의 보완적인 삶을 의미한다. 날치, 거북, 물새, 상어, 고기 등의 모든 생물체와 노인을 연결해 주는 근본적인 메시지는 노인과 생물체들이 가진 고귀함이다. 연약한 생명체들에게 고상함이란 존재하지 않는다고 생각할 수 있지만 강한 생명체든 약한 생명체든 자연에 존재하는 모든 생명체는 그 나름의 고귀함을 다 가지고 있다. 노인은 소년이 이런 삶의 태도를 가지고 생활하길 바란다. 인간이 자연에 존재하는 다른 생명체들보다 힘이 세다고 무조건 잡는 행위는 고귀함이 없는 삶이고 노인이 원하지 않는 삶이다.

자연계에 존재하는 모든 것들은 자연의 지배를 받는다. 자연계에 존재하는 모든 것들은 불변의 자연계의 진리 속에서 결국에는 먹고 먹히는 상황에 직면해야만 한다. 비평가인 캐서린 잡스(Katherine Jobs)는 다음과 같이 지적했다. 이 같은 것들은(위에서 언급한 것들) 삶의 일부분이고, 없어지지 않는 에너지는 없고 단지 물리적·정신적인 흡수로 바뀐다는 것이다.

자연에 있는 생명체들이 서로 싸우고 돕고 아니면 쟁취하고 빼앗기고 하는 생존의 과정에서 생명체의 파괴가 일어나곤 한다. 그러나 파괴된 생명체는 물리적으로 없어져 눈으로 볼 수 없어도 다른 생명체들에게 생명의 에너지원이 되기도 하고 아니면 인간의 정신 속에 남는다. 결국, 자연에 존재하는 생명체들의 파괴는 파괴가 아니고 또 다른 시작이며 다른 생명체들을 위한 보완이다.

자연의 무한한 순환 속에서 바람직하게 개인의 삶을 보완할 수 있는 것은 자신의 기술과 자연이 베풀어 주는 것을 활용하고 열정을 가지고 생활하며, 존엄의 파괴를 받아들이고 그 무엇이 되었건 후임자(후계자)에게 전달하는 것이다. 노인은 소년에게 배에 모터를 달아 무작위로 모든 고기와 상어를 잡는 젊은 어부들의 삶이 아닌 이 같은 삶의 가치를 전해 주고 싶었고, 그것을 자기 삶의 사명이라 생각했다.

그래서 노인은 인간이 할 수 있는 것, 인간이 인내할 수 있는 것을 증명하는, 좀 별난 노인(A Strange Old Man)이라는 것을 증명하기로 했다. 이와 같은 삶의 태도에서 노인은 '파괴될 수는 있어도 패배할 수는 없다(Destroyed But Not Defeated).'고 다짐한다. 노인이 고기와 투쟁할 때 노인은 반복적으로 자기를 도와줄 수 있는 소년이 옆에 있기를 바랐고, 또 이 전투를 소년이 보았으면 했다. 현장에서 이 같은 과정을 함께 보고 함께함으로써 소년이 앞으로 맞이하게 될 사건이나 일에 있어서 어떤 생각과 자세로 대해야 하는지를 전해 주고 싶어 한다.

노인이 맛있는 날참치를 만들기 위해서 라임과 소금과 소년이 있었으면 했을 때, 노인은 그의 육체를 지탱하기 위해서 날것과 참치를 먹을 필요성을 생각한 것처럼 그의 영혼을 지탱하기 위해서 소년의 사랑과 존경을 필요로 했다. 비평가인 칼로스 베이커(Carlos Baker)는 다음과 같이 제시했다. 노인이 위기의 순간에서 소년을 간절히 원할 때마다 노인은 소년의 존재뿐만 아니라 젊은이의 용기와 힘을 언급했다. 매번 노인은 자신을 지탱하는 데 필요한 영감이나 젊은 힘을 자신에게 온전히 끌어 모으기 위해서 자신의 상상력의 풍부한 비전에 의존했다. 이렇게 하여 노인이 새로운 어려움에 봉착할 때마다 소년에 대한 생각은 노인을 강하고 단호하게 해 준다.

　노인이 힘든 긴 전투를 견뎌 내고 승리로 이끌 수 있었던 것은 소년의 사랑, 존경, 상상력의 풍부한 비전, 영감, 신념, 인내, 자연에 대한 애정 등이 합쳐졌기 때문이다. 물질적인 것이 아니라 정신적인 것이 힘든 싸움에서 노인을 이끌어 주었고 정신적인 성취를 가능하게 해 주었다. 그래서 노인은 자신이 가지고 있는 것들을 소년에게 주고 싶어 했고, 소년이 그것을 받아서 이어 나가길 원했다. 소년 또한 노인의 생각을 누구보다 잘 알고 있으므로 노인을 따랐고, 배우고 싶어 했고, 끝까지 노인의 생각을 지키고 싶어 했다.

　디마지오가 다시 야구장을 돌아가기 위해서 발목뼈의 통증을 참고 인내했던 것처럼 노인은 고기와의 사투에서 자신에게 앞서 말한 것들과 디마지오 선수를 생각하면서 싸움을 이겨 냈다.

　노인은 힘들고 어려울 때 아버지가 어부인, 훌륭한 야구선수인 디마지오를 떠올리면서 그 선수가 인내한 것처럼 자신이 이 싸움에서 승리를 하겠다고 다짐했다. 노인은 모든 것을 완벽하게 하는 디마지오처럼 되길 희망했다. 그리고 나중에 고통을 참으면서 고기와 사투하는 자신에 대해서 디마지오가 자신을 자랑스럽게 생각할 것이라 믿었다. 노인은 팔씨름에 대한 회상에서도 이 기법을 활용했다. 노인은 시엔푸에고스에서 흑인과의 지루한 팔씨름 대회에서 챔피언 타이틀을 획득한 것을 생각하면서 힘과 용기를 얻어 고기와의 사투를 참아낸다.

　노인은 시엔푸에고스에서 온 흑인, 디마지오, 소년으로부터 그리고 자신의 젊은 자아로부터 정신적인 영양분과 활력을 취했다. 노인이 꿈을 꾸었을 때 항상 사자가 등장하는 이유이기도 하다. 사자는 노인의 영감의 원천이기도 하다. 노인은 사자를 노인의 젊은 자아와 소년과 동일시했다. 또한 사자는 위대함, 고상함, 활력, 힘, 불멸과 같은 것으로 생각했다. 따라서 노인의 꿈에 사자가 등장하는 이유는 노인이 사자처럼 그런 신념을 가지고 생활하고자 하는 마음이 있기 때문이고, 사자 꿈을 통해 고기와의 전투에서도 파괴될 수는 있어도 패배할 수는 없다는 일념을 가질 수 있었다. 노인이 감탄하고 동일시하고 형제라고 불러 온 자연에 존재하는 아름다운 생명체들과의 여정에서 노인이 고기를 끌고 가기보다는 고기가 노인을 끌고 가는 것처럼 보이기 위해서 노인은 고기를 죽이고 배와 나란히 고기를 묶었다.

전지적 작가 시점에서 "상어는 우연이 아니다(The shark is not an accident)."라는 대목이 나온다. 승리자였던 노인은 삶의 비극과 자연의 끊임없는 순환의 대상으로 전락한다. 즉 승리자이면서 패배자가 된다. 이제 고기처럼 노인은 잃게 되고 희생자가 된다. 상어(Shark)는 노인이 지금까지 본 것 중에서 가장 크고 힘이 세고 사나운 상어이다, 그러나 아름답고 고상하고 용감한 상어이다. 상어가 자연의 질서 속에서 적절한 장소를 취했기 때문에 결과적으로 상어와 노인은 같은 처지에 있다고 볼 수 있다. 노인은 고기를 잡고 고기를 잘 지켜서 집으로 돌아가려고 하지만 상어는 본능적으로 피 냄새를 맡고 자신이 생존하기 위해서 고기와 노인을 공격한다. 삽코상어와는 달리 절대 죽은 것을 먹지 않는 사냥꾼인 상어는 자연의 법에 순응하고 나름대로 그 법을 지키려고 한다.

노인은 작살로 상어를 죽인 후에 더 많은 상어가 몰려올 것이라는 것을 알고 있었다. 상어는 노인이 잡은 고기의 40파운드를 떼어먹었고, 물속에 많은 핏자국을 흘리게 된다. 여기서 물과 피의 혼합, 40이라는 숫자는 성경의 중요성을 암시해 준다. 먹을 자격이 있는 사람은 아무도 없다고 말하면서 자신을 강하게 하려고 노인은 고기를 먹는다. 많은 비평가는 이 같은 행위를 일종의 성찬식으로 보았다. 노인은 고기를 먹고 고기와 하나가 된다. 결과적으로 고기의 죽음은 의미가 없는 게 아니다. 왜냐하면, 고기가 노인을 강하게 만들어 주고 노인에게 정신적, 신체적 영양분을 제공하기 때문이다. 노인은 자신의 고통과 패배 그리고 죽음의 필연성(Inevitable Death)에 굴하지 않고 수용하는 능력을 얻는 것처럼 보인다. 그렇게 함으로써 그는 인내할 수 있는 능력을 얻었고, 그가 할 수 있는 최대로 일을 하고 전진한다.

새로 찾은 수용성(Acceptance)은 마을 사람들과 노인과의 관계에 영향을 준다. 노인은 자신을 모함하고 비웃고 조롱하는 곳인 육지를 떠나 바다 깊은 곳까지 도달하기 전에 자신에게 안 좋았던 육지에 대해 새롭게 생각하고 그것을 수용한다. 육지에서 노인은 주변 사람들로부터 온갖 조롱과 비웃음을 당하는 존재였다. 그렇지만 3일 동안 바다 한가운데서 고기, 상어와의 목숨을 건 싸움을 하면서 노인은 자신이 사는 육지 그리고 그곳의 주민들을 새롭게 발견하고 자연에 존재하는 생명체들과 서로 친구라고 하고 서로 연민의 정까지 느끼듯이, 떠나온 마을 주민들에 대해 새로운 감정을 느끼게 된다. 물론 젊은 어부들과 노인을 비웃는 사람들과 서로 맞지 않지만 모든 마을 사람들이 자신을 좋아하고 자신의 가치관과 똑같을 수는 없다고 생각한다. "아무도 내 걱정을 하지 않았으면 좋겠는데, 물론 그 애만은 무척 걱정하겠지만 말이야. 그러나 그 녀석은 틀림없이 나를 믿고 있을 거야. 나이 많은 어부들도 대부분 걱정을 하

고 있을 것이다. 다른 사람들도 모두 걱정을 하겠지. 나는 참 좋은 마을
에 살고 있어."

I hope no one has been too worried. There is only the boy to worry,
of course. But I am sure he would have confidence. Many of older
fishermen will worry. Many others too, he thought. I live in a good
town. (115)

노인이 먹은 고기는 예수님이 십자가에 달리기 전, 마지막 성찬식에
서 이것은 나의 몸이니 먹고 마신 후에 나를 기억하라고 한 말씀을 연상
시킨다. 예를 들면 전지적 작가 시점의 화자는 노인이 삽코상어를 보았
을 때 낸 소리를 "자신도 모르게 인간이 만들어 낸 단순한 소리와 못이
손과 나무를 관통했을 때의 느낌"이라고 묘사했다. 그러나 이미지는 자
연의 비극적 순환 안에서 한 인간이 겪는 인내, 패배, 고통을 나타내기
위해 기독교적인 방식을 사용했다. 용감했지만 고기가 투쟁에서 이기지
못한 것처럼 노인 역시 용감했지만 상어와의 투쟁에서 고기를 지키지
못했다.

상어를 죽인 후 노인은 작살을 잃었다. 즉 삽코상어와의 헛된 싸움을
지속하면서 처음으로 잃은 것이다. 배 안에 남아 있는 몇 안 되는 장비
들을 차례로 잃었다. 그러나 노인은 그가 죽거나 남아 있는 것이 아무것
도 없을 때까지 싸움을 계속하겠다고 다짐했다. 상어와 달리 삽코상어
는 죽은 것도 먹는 상어(Scavenger)이다. 고기의 신성모독(Desecration)
은 발전에 따른 새로운 물질주의를 수용한 젊고 기계화된 어부들이 노

인을 조소하는 것과 같은 선상에 있다. 죽은 것도 먹는 상어(Scavenger Sharks)들이 노인의 승리를 강탈해 가듯이, 젊은 어부들은 자연 세계의 본질적인 무형의 가치들 그리고 정신적 의미들을 강탈해 갔다. 죽은 것을 먹는 상어와 젊은 어부들은 적어도 당분간은 승리한 것처럼 보인다. 자신의 이익을 위해서는 지켜야 할 것도 무시하고 이익을 위해서 행동하는 것은 일시적으로는 성공한 것처럼 보이지만, 장기적으로는 성공하지 못하고 후손들에게 물려줄 것이 못된다. 특히 소년과 소년이 사는 공동체의 구성원들에게 더욱이 그렇다. 노인이 소중하게 생각하는 것이 바로 이것이고, 소년에게 주고 싶은 것도 이것이다.

군인의 창에 의해 십자가에 죽은 예수님의 상처와 작살에 의해서 난 고기의 상처가 시사(암시)하듯이 삽코상어와의 마지막 전투 동안 노인의 가슴에 무엇인가가 파열되었다. 노인은 숨쉬기가 힘들었고 자신의 피에서 단맛과 구리 맛을 느꼈다. 노인이 잡은 고기의 골격의 유해물에서 철저히 마지막 한 조각까지 뜯어 먹기 위해 달려드는, 죽은 것도 먹는 상어와 더 싸울 수가 없었다. 고기는 자신이 가지고 있는 물질적 가치를 모두 빼앗겼다. 그리고 노인은 먼 바다까지 나와서 자신과 고기를 지키지 못하고 상어에 의해서 해치게 된 것에 대해서 사과했다.

상어의 첫 번째 공격 이후로 노인은 고기를 죽인 것이 큰 죄이라고 생각한다. 노인은 그것에 대한 해결책을 가지고 있지 않다고 생각했다. 노인은 성 베드로(Saint Peter)나 위대한 디마지오의 아버지처럼 어부이기 때문에 고기를 죽인 것은 그 고기를 팔기 위해서가 아니고 자부심을 위해서 잡았다고 생각했다. 불가사의한 것은 노인이 자신이 어부로서 해야만 할 것을 한 것이고, 이것들을 하기 위해서 태어난 것이라고 생각했다는 것이다. 그리고 노인은 사물의 영원한 본질 속에서 그의 역할이 무엇인지에 대해서도 생각했다.

해변에 있는 빛을 따라서 항해를 하면서 노인은 자신을 힘들게 한 것이 무엇인지에 대해 생각해 봤다. 노인은 실질적으로 그를 힘들게 한 것은 아무것도 없다고 인정했다. 단지 그가 너무 멀리 나간 것뿐이다. 노인을 먼 바다까지 오게 한 것은 젊은 어부들과 다른 방식으로 자연의 법칙을 준수하면서 어부로서 큰 고기를 잡아서 많은 이들에게 보여 주고 싶은 목표와 신념 때문이었다. 목표를 이루겠다는 신념이 노인을 힘들게 했다. 결국 노인이 멀리 나온 것은 자신의 목표와 신념 때문이었다.

4. Part Four : Back Ashore - A Brief Summary

노인이 해변에 도착했을 때 모두 잠들어 있었다. 그를 도와줄 사람은 거기에는 아무도 없었다. 노인은 그가 할 수 있는 한 최선을 다해서 배를 해변으로 끌어올렸다. 그리고 바위에 배를 단단히 묶었다. 그리고 걷은 돛대를 어깨에 메고 집으로 옮겼다. 뒤돌아서서 그는 가로등 반사 때문에 비친 고기의 꼬리가 배의 뒤에 나란히 있는 모습을 보았다. 그가 집으로 올라갈 때 넘어졌다. 다시 일어나려고 시도했지만 일어나지 못했다. 그래서 그는 어깨에 돛을 맨 채로 거기에 앉았다. 그는 고양이가 왔다 갔다 하는 것을 보았다. 그는 다시 일어났다. 그는 집에 도착하기 전까지 넘어질 때마다 계속 주저앉았다. 마침내 집에 도착해서 그는 돛대를 벽에 기대어 놓고 어둠 속에서 물병을 찾아 물을 마셨다. 그는 침대에 눕고 담요를 잡아당겨 자신을 덮었다. 손바닥이 하늘을 향하게 한 채로 팔을 쭉 펴고 신문으로 자신의 얼굴을 덮고 잤다.

When he sailed into the little harbour the lights of the Terrace were out and he knew everyone was in bed. The breeze had risen steadily and was blowing strongly now. It was quiet in the harbour though and he sailed up onto the little patch of shingle below the rocks. There was no one to help him so he pulled the boat up as far as he could. Then he stepped out and made her fast to a rock. (120)

He unstepped the mast and furled the sail and tied it. Then he shouldered the mast and started to climb. It was then he knew the depth of his tiredness. He stopped for a moment and looked back and saw in the reflection from the street light the great tail of the fish standing up well behind the skiff's stern. He saw the white naked line of his backbone and the dark mass of the head with the projecting bill and all the nakedness between. (121)

He started to climb again and at the top he fell and lay for some time with the mast aross his shoulder. He tried to get up. But it was too difficult and he sat there with the mast on his shoulder and looked at the road. A cat passed on the far side going about its business and the old man watched it. Then he just watched the road. (121)

Finally he put the mast down and stood up. He picked the mast up and put it on his shoulder and started up the road. He had to sit down five times before he reached his shack. (121)

Inside the shack he leaned the mast against the wall. In the dark he found a water bottle and took a drink. Then he lay down on the bed. He pulled the blanket over his shoulders and then over his back and legs and he slept face down on the newspapers with his arms out straight and the palms of his hands up. (122)

소년은 노인이 없는 동안 매일 아침 노인의 집에 왔다. 노인은 소년이 집에 올 때까지 계속 자고 있었다. 강한 바람 때문에 소년은 오늘 아침에 늦잠을 잤다. 소년은 노인의 손에 있는 상처를 보고 울었다가 노인을 위해 커피를 가져오기 위해서 빨리 나갔다. 밖에서는 어부들이 배 주변에 모여 있었다. 그리고 그중 한 명이 고기의 유해(Remains)를 측정했다. 그 어부가 소년에게 노인은 어떻게 되었는지 묻자 소년은 어부들에게 노인은 잔다고 말하고 노인을 방해하지 말라고 말한다. 큰 고기(Big Fish)를 측정한 어부가 그 고기의 길이가 18피트가 된다고 말하자 소년은 "그럴 거예요(I believe it)."라고 답했다.

He was asleep when the boy looked in the door in the morning. It was blowing so hard that the drifting boats would not be going out and the boy had slept late and then come to the old man's shack as he had come each morning. The boy saw that the old man was breathing and then he saw the old man's hands and he started to cry. He went out very quietly to go to bring some coffee and all the way down the road he was crying.

Many fisherman were around the skiff looking at what was lashed beside it and one was in the water, his trousers rolled up, measuring the skeleton with a length of line.

The boy did not go down. He had been there before and one of the fishermen was looking after the skiff for him.

"How is he?" one of the fishermen shouted.

"Sleeping," the boy called. He did not care that they saw him crying. "Let no one disturb him."

"He was eighteen feet from nose to tail," the fisherman who was measuring him called.

"I believe it," the boy said. (123)

가게의 주인인 마틴(Martin)으로부터 소년은 커피와 설탕 우유를 얻었다. 마틴은 대단한 고기라고, 그런 고기는 본 적이 없다고 말했다. 마틴은 소년이 잡은 고기 두 마리에 대해서도 칭찬을 했다. 그러나 소년은 마틴의 말에 관심이 없었다. 소년은 노인이 필요한 게 있으면 다시 오겠다고 말하고 그사이에 노인을 방해하는 사람이 있어서는 안 된다고 말했다. 마틴은 노인에게 참 안됐다고 전해 달라고 말했다.

노인이 오랫동안 깊이 잠들어서 소년은 커피를 따뜻하게 하려고 나무를 가지러 밖으로 나갔다. 노인이 잠에서 깨어난 이후에 커피를 마시면서 소년에게 고기가 자신을 이겼다고 말했다. 그러자 소년은 고기가 노인을 이길 수 없다고 말했다. 노인은 고기를 잡은 후에 그가 패배한 것을 소년에게 자세하게 설명했다.

He went into the Terrace and asked for a can of coffee.

"Hot and with plenty of milk and sugar in it."

"Anything more?"

"What a fish it was," the proprietor said. "There has never been such a fish. Those were two fine fish you took yesterday too."

"Damn my fish," the boy said and started to cry again.

"Do you want a drink of any kind?" the proprietor asked.

"No," the boy said. "Tell them not to bother Santiago. I'll back."

"Tell him how sorry I am." (123)

The boy carried the hot can of coffee up to the old man's shack and sat by him until he woke. Once it looked as though he were waking. But he had gone back into heavy sleep and the boy had gone across the road to borrow some wood to heat the coffee. Finally the old man woke.

"Don't sit up," the boy said. "Drink this." He poured some of the coffee in a glass. The old man took it and drank it. "They beat me, Manolin," he said. "They truly beat me." "He didn't beat you. Not the fish." (124)

소년은 페드리코(Pedrico)가 배와 장비를 수리하고 있다고 말했다. 머리는 어떻게 하라고 전할지 묻자 노인은 소년에게 고기를 꾀어내는 덫으로 사용하도록 페드리코에게 주라고 했다. 그리고 창 같은 주둥이는 소년이 갖고 싶다 해서 소년에게 주었다. 노인이 "사람들이 나를 찾았니?"라고 묻자 소년은 "그럼요. 해안가 경비대와 비행기까지 가지고 찾았어요."라고 답한다.

"Pedrico is looking after the skiff and gear. What do you want done with the head?"

"Let Pedrico chop it up to use in fish traps."

"And the spear?"

"You keep it if you want it."

"I want it," the boy said. "Now we must make our plans about other things."

"Did they search for me?"

"Of course, With coast guard and with planes." (124)

노인은 바다는 넓고 크고, 배는 조그마하므로 찾기 힘들었을 거라고 대답했다. 노인은 사흘 동안 자신이나 바다밖에 말할 상대가 없었는데 같이 말할 사람이 있고 자신을 환영해 주어서 기쁘고 소년이 그리웠다고 말한다.

"The ocean is very big and a skiff is small and hard to see," the old man said. He noticed how pleasant it was to have someone to talk to instead of speaking only to himself and to the sea. "I missed you," he said. (124)

노인은 소년에게 무엇을 잡았는지 물어본다. 소년은 생선 두 마리를 잡았다고 말한다. 그리고 소년은 이제 저와 같이 고기를 잡으러 나가자고 말한다. 그러나 노인은 자신에게 더 운이 따르지 않기 때문에 안 된다고 말한다. 그러자 소년은 자신이 행운을 가져가겠다고 말한다. 노인이 가족들이 뭐라고 안 하겠느냐고 말하자, 소년은 "나는 아직 배울 게 많아요."라고 말한다.

"What did you catch?"

"One the first day. One the second day and two the third."

"Very good."

"Now we fish together again."

"No. I am not lucky. I am not lucky anymore."

"The hell with luck," the boy said. "I'll bring the luck with me."

"What will your family say?"

"I do not care. I caught two yesterday. But we will fish together now for I still have much to learn." (125)

노인은 지난 사흘을 회상하면서 소년에게 튼튼한 창을 가지고 바다에 나가야 한다고 말한다. 오래된 포드 자동차에 있는 용수철에서 칼날을 만들어야 한다고 한다. 그리고 과나바코아(Guanabacoa)에서 날을 갈고 끝은 부러지지 않도록 해야 한다. 그리고 자신의 것은 바다에서 부러졌다고 말한다. 소년은 노인에게 칼을 하나 구해 오겠다고 말하고 앞으로 태풍이 며칠이나 더 불지 물어봤다. 노인이 아마 삼 일간 지속될 거라고 말하자 소년은 그럼 모든 준비는 자신이 하겠다고 말한다. 노인은 손을 어떻게 회복하고 관리하는지 알고 있지만 가슴에 무언가가 터질 듯한 기분이 든다. 그러자 소년은 가슴도 치료해야 한다고 말했다. 소년은 나가서 먹을 것과 깨끗한 옷을 가져오겠다고 말했다. 그때 노인은 자신이 나간 사이에 온 신문을 가져와 달라고 말했다. 소년은 노인이 자신에게 가르쳐야 할 것이 많으므로 건강해야 한다고 말한다.

그리고 소년은 다시 노인에게 얼마나 고통스러웠냐고 물어본다. 그때 노인은 지독하게 고통스러웠다고 말한다. 소년은 약국에 가서 손을 치료할 약을 사 오겠다고 말한다. 노인은 소년에게 고기 머리는 페드리코에게 주라고 말하는 것을 잊지 말라고 상기시켰다. 소년은 길을 내려가서 또 울었다.

오후에 테라스에 관광객들이 조류와 함께 씻겨 내려가려고 하는 고기의 등뼈를 보았다. 그리고 저것이 무엇이냐고 물어왔다. 고기에게 무슨 일이 있는지를 부부에게 설명하고 싶었던 종업원은 상어(Tiburon)라고 말했다. 관광객들은 서로서로 상어가 저렇게 아름다운 꼬리를 가지고 있었는지 몰랐다고 서로서로 말했다. 집으로 다시 돌아와서 소년은 노인 옆에 앉았다. 그리고 노인은 잠들었고 사자의 꿈을 꾸었다.

"We must get a good killing lance and always have it on board. You can make the blade from a spring leaf from an old Ford. We can grind it in Guanabacoa. It should be sharp and not tempered so it will break. My knife broke."

"I'll get another knife and have the spring ground. How many days of

121

heavy *brisa* have we?"

"Maybe three. Maybe more."

"I will have everything in order," the boy said. "You get your hands well old man."

"I know how to care for them. In the night I spat something strange and felt something in my chest was broken."

"Get that well too," the boy said. "Lie down, old man, and I will bring you your clean shirt. And something to eat."

"Bring any of the papers of the time that I was gone," the old man said.

"You must get well fast for there is much that I can learn and you can teach me everything. How much did you suffer?"

"Plenty," the old man said.

"I'll bring the food and papers," the boy said.

"Rest well, old man. I will bring stuff from the drugstore for your hands."

"Don't forget to tell Pedrico the head is his."

"No. I will remember."

As the boy went out the door and down the worn coral rock road he was crying again.

That afternoon there was a party of tourists at the Terrace and looking down in the water among the empty beer cans and dead barracudas a woman saw a great long white spine with a huge tail at the end that lifted and swung with the tide while the east wind blew a heavy steady sea outside the entrance to the harbour.

"What's that?" she asked a waiter and pointd to the long backbone of the great fish that was now just garbage waiting to go out with the tide.

"Tiburon," the waiter said. "Shark." He was meaning to explain what had happened.

"I didn't know sharks had such handsome, beautifully formed tails."

"I didn't either," her male companion said.

Up the road, in his shack, the old man was sleeping again. He was still sleeping on his face and the boy was sitting by him watching him. The old man was dreaming about the lions. (127)

| Part Four Commentary

이 소설의 가장 짧은 부분인 세 번째 부분은 육체에서 바다로, 바다에서 다시 육지로의 노인의 여행 순환을 완결시킨 부분이다. 이 부분의 서술기법은 소설의 첫 번째 부분인 육지에서처럼 3인칭과 전지적 작가 시점으로 되돌아온다. 예를 들면 노인은 그의 피곤함의 깊이를 안다고 말하고 있고, 노인이 배에 있는 고기의 뼈대를 보았을 때 노인의 생각으로 이동하지 않고 노인이 본 것을 객관적으로 묘사한다. 모든 초기의 준비와 복선은 애정극이 없이도 독자들에게 울림을 준다는 것을 보장해 주기 때문에 이 같은 통제된 보고와 심리적 거리로부터 이야기가 호응을 얻는다. 선정주의나 지나친 감정적인 호소 없이도 독자들에게 울림을 준다.

노인은 삽코상어(Scavenger Sharks)로부터 완전히 공격을 당했다. 헤밍웨이는 왕성한 식욕을 자랑하며(Swimming Appetite) 천부적으로 죽은 동물까지도 먹는 상어를 새로운 물질주의 가치관을 지닌 실용적인 어부들과 같은 취급을 했다. 본인의 식욕을 위해서는 닥치는 대로 마구 잡아먹는 상어를 돈이 되면 수단과 방법을 가리지 않고 고기를 잡는 젊은 어부들과 같이 취급했다.

노인이 잡은 고기는 십자가에 돌아가신 예수님에 비유할 수 있다. 인간의 구원을 위해 예수님이 모든 고통과 조롱을 참아낸 것처럼 노인이 고기를 지키기 위해서 많은 인내와 고통을 참아 냈다는 점에 있어서 유사점을 찾을 수 있다. 다시 말해, 노인이 잡은 고기와 고기를 지키는 과정에서 인간을 위해 죽은 예수의 모습을 볼 수 있다.

마치 예수님이 겟세마네(Gethsemane)에서 깨어 있는 동안 제자들이 자고 있었던 것처럼 노인이 도착했을 때 배와 장비들을 치우는 것을 도와주던 소년과 마을 사람들은 자고 있었다.

죽음의 장소(The Place of a Skull)인 골고다(Golgotha)를 예수님이 십자가를 메고 가듯이 노인은 집을 향해 언덕 위로 돛대를 메고 이동하면서 자신이 잡은 고기의 뼈대를 보았다. 예수님이 십자가를 메고 넘어지듯이 노인은 돛대를 메고 다섯 번이나 주저앉았다. 노인이 최종적으로 침대에 누웠을 때 예수님이 십자가에 매달린 것처럼 양손을 쭉 펴고 잤다.

그러나 성경에 나오는 제자들처럼 작가는 유익하지 않은 비극(도움이 되지 않는 비극)을 쓰지 않는다. 기계(모터)를 장착한 젊은 어부들과 그들의 실용적인 물질주의가 결국에는 승리하는 것처럼 보이지만 피할 수 없는 실패의 요인이 그들의 방식과 철학에 내재한다. 모든 살아 있는 생물체들은 자연계에서는 포식자(Predator) 아니면 먹잇감(Prey)인 것처럼 자연계에 존재하는 모든 것들은 서로서로 영양분을 제공한다. 예수님은 십자가에 매달려 죽었지만, 그의 부활은 영원한 삶에 대한 약속과 희망을 주었다. 노인은 끝내 실패했지만 그의 고통, 인내 그리고 고상함은 개인의 삶을 향상시키는 가치를 전해 준다.

5. General Review

1) 노인이 바다 한가운데서 얻은 것은 무엇인가?

실질적이며 물질적 가치를 다 상실한 노인이 진정으로 얻은 것은 누구도 빼앗을 수 없는 정신적 성취(Epic Catch)이다. 고기의 살점은 상어의 공격 때문에 뜯기고 없어졌지만 고기의 뼈(Skeleton)는 상어도 어쩔 수 없었다. 노인이 싸운 것은 사실은 고기가 아닐 수 있다. 표면적으로는 고기를 잡기 위한 싸움이지만 사실은 싸움의 과정에서 그가 겪은 고통, 인내와 그것으로 인해 얻은 만족, 존엄성 등을 위한 싸움이라고 볼 수 있다. 인간은 물질뿐만 아니라 정신도 추구한다. 정신은 육체가 끊임없이 노력하고 인내하는 과정을 통해서만 얻는 것이고 그것의 결과는 누구도 빼앗을 수 없다. 따라서 정신적 성취는 고기의 뼈이고, 그것은 상어도 빼앗을 수 없는 노인의 소중한 업적이다.

정신적 성취의 첫 번째 증거는 다음 날 아침에 나온다. 소년이 노인을 발견했을 때 소년은 예수님의 몸에 있는 자국(Stigma)과 같은 노인의 손에 있는 상처를 발견한다. 그 상처는 끊임없는 노력과 인내 때문에 얻은 것이며 매우 상징적이다. 이것은 젊은 어부들에게서는 찾아볼 수 없는 것이다. 예수님처럼 인류의 구원을 위한 거창한 자국은 아니지만 자기 일에 원칙과 성실함과 헌신적인 자세로 임하는 자부심의 증거가 될 수 있다. 소년은 울면서 노인을 위해 커피를 가지러 간다. 길을 따라가면서 소년은 아직도 배에 묶여 있는 고기의 유해 주변에 많은 어부가 모여 있는 것을 보았다. 한 어부가 뼈대를 측정하고 놀라서 머리에서 꼬리까지 18피트라고 말했다. 이미 커다란 뼈대를 본 소년은 "그럴 거예요(I believe it)."라고 반응했다. 소년이 가게에 도착했을 때 주인인 마틴(Martin)은 "굉장한 고기구나(What a fish)."(123)라면서 그런 고기를 처음 봤다고 말했다. 노인의 정신적 성취인 뼈대의 증거는 이미 사람들에게 전설이 되었고 그 마을에서 그의 명성은 영원히 확보되었다.

바다에서 상어와의 싸움에서 최선을 다했지만, 온전히 고기를 지키지 못하고 큰 고기를 잡았다는 증거의 뼈대(Skeleton)만이 존재하게 되었다. 그렇지만 그것은 헛된 것이 아니고 노인에게 자존감과 내재적인 가치를 부여해 준다. 따라서 뼈대는 정신적인 성취라고 볼 수 있다. 젊은 어부들은 다량의 많은 고기를 짧은 시간에 잡지만 노인은 84일간에 걸쳐서 겨우 한 마리를 잡는다. 비록 물질적으로는 적고 초라하지만 내재적으로는 풍요로운 정신적인 성취이다.

고기의 정신적 크기(Marlin's Epic Size)에서 소년의 신뢰의 표현은 노인이 살아온 삶에 의한 철학, 능력 그리고 노인 그 자체를 수용하는 신조의 시작이다. 즉 정신적 크기는 노인의 삶에 대한 마음의 신뢰를 나타낸다. 정신적 성취가 정신적인 면을 나타낸다면 정신적 크기는 노인의 삶의 전폭적인 수용을 나타낸다고 볼 수 있다. 뼈대와 자국이 나타내는 노인의 여정을 미루어 짐작할 수 있을 뿐만 아니라 정신적인 성취의 위대함을 말해 준다. 정신과 육체가 분리될 수 없듯이 정신적인 성취와 크기 또한 분리해서 볼 수 없는 것이다.

소년은 노인이 자는 것을 지켜본다. 그리고 커피를 다시 따뜻하게 데운다. 노인이 깨어나서 소년에게 "그들이 나를 이겼어(They beat me)." 라고 말했을 때 노인의 위대한 투쟁을 해석한 사람 중의 한 사람이 소년이다. "고기는 당신을 절대 못 이겨요(He did not beat you. Not a fish)."(124)라는 두 번째 확신에서 소년은 에마누엘(Emmanuel)라는 그의 이름의 진정한 의미에 부응한다. 에마누엘, 즉 임마누엘은 두 개의 히브리어(Hebrew words)에서 왔다. 임마누엘은 두 가지 의미가 있다. 여기서 'Immanu'는 'with us'를, 'el'은 'God'을 나타낸다. 따라서 임마누엘은 '하나님과 함께한다(God with us).'는 의미이다. 또한 기도를 할 때 예수님의 이름을 나타낸다. 이름에서 알 수 있듯이 소년은 노인과 항상 함께한다는 의미를 포함하고 있다. 물론 관계가 비(非)그리스도의 방식으로 사용되었지마는 노인이 혼자 바다에 출항한 것을 제외하고는 소년은 항상 곁에 있으면서 같이 생활했다. 그리고 소년은 노인에게 그의 위대한 투쟁의 진정한 의미를 설명했다. 노인은 고기에게 패배한 것이 아니고 자연의 순환의 불가피성에 의해서 패배한 것이다. 비록 그가 졌다 할지라도 그의 위대한 고통과 인내는 구원을 가져왔다. 따라서 노인은 어떤 어부와도 비교할 수 없는 어부라는 정체성을 성공적으로 보여 주었고 확보했다. 그리고 자신의 기술에 대한 헌신과 노력이 더 좋은 결과를 보여 주었다는 것을 다시 증명했다고 노인이 인식하도록 소년이 도와주었다.

노인이 고기잡이에서 사용하는 고기 잡는 창(Spear)을 소년이 받으면서 소년은 노인의 유산을 수용한다. 이 창과 더불어 인생을 항해하는 데 필요한 깃발, 자연 세계의 징표(Token) 등은 노인이 소년에게 남기고 싶어 하는 것이다. 소년은 창의 중요성을 완벽하게 이해하고 창을 받았고 신념의 표현으로 서약까지 했다.

　그는 노인에게 "우리 같이 고기 잡으러 가요(Now we fish together again)."(125)라고 말했다. 노인이 소년의 행동에 대해서 일상적인 이유를 제시하면서 반대했을 때 소년은 "운이라고요(The hell with luck)."라면서, "운은 내가 가져갈게요. 나는 아직 배울 게 많아요(I'll bring the luck with me. I still have much to learn)."라고 했다.

　노인은 소년이 자신의 후계자가 된다는 것을 확신하면서 이해했다. 소년은 그들만의 대화를 다시 시작하고 노인의 최근 투쟁에 관한 것을 공유했다. 노인이 항해 중에 창의 필요성을 회상하면서 "우리는 좋은 창을 반드시 가져가야 한다(We must get a good killing lance)."라고 말한다. 함께 고기잡이하러 가겠다는 그들의 계획에서 독자들은 교리문답, 의식의 절차 그리고 익숙한 억양들을 들을 수 있다.

　자신의 행동규범에 따라 생활할 때, 인생의 순환과 자연적 질서를 수용할 때, 자기 삶의 일을 통해서 자신의 존재를 향상할 때, 자신이 얻은 가치의 모든 것을 다음 세대에게 전해 줄 때 노인은 모든 사람의 사람이 된다(Santiago becomes everyone). 이로써 노인의 이야기는 진정으로 행복을 주는 이야기가 된다.

　나이, 교육 수준이 다른 독자들과 고기와 상어를 구별하지 못하면서 집착하는 여행객들 모두가 고기에서 영감을 발견할 수 있다. 그리고 그 고기의 뼈대로부터 커다란 고기의 장엄함(위엄)의 어떤 것을 이해할 수 있다. 노인이 그 넓은 바다에서 혼자서 무엇을 얻기 위해서 힘들게 항해했는가? 그것은 물질적인 것보다는 보이지 않는 정신적인 성취를 위한 것이다. 그 과정 속에서 육체적, 정신적인 고통과 인내 그리고 외로움은 노인을 강하게 했고, 그로 인해서 어부로서의 자존감과 자부심을 얻게 되었다. 요컨대 바다 한가운데서 노인을 강하게 만든 것은, 그 자존감과 자부심을 소년과 마을 공동체에 전하고자 하는 노인의 희망이었다.

2) 노인이 소년에게 남기고 싶은 것

선한 인간만이 고통을 겪는 것이 아니고 자연계에 존재하는 모든 피조물도 인간들과 마찬가지로 그런 일을 겪게 된다. 그 예로 날치와 바닷새들은 남에게 피해도 주지 않고 열심히 살아가지만 고통을 겪는다. 작가도 노인도 그에 대해 어쩔 수 없다고 받아들인다. 전지전능한 분이 있어서 악한 자를 벌하고 선한 자를 도와줄 수 있는 상황이 아닌 이상 어쩔 수 없다는 것이다. 만족스러운 답은 아예 존재하지도 않고 존재할 수 없을 것이다. 작가는 그런 문제점을 제기하고 인간이 어떻게 하면 이런 문제와 상황을 더 좋게 만들어 나갈 수 있을지 질문을 제기하고 있다.

우리가 모두 똑같은 삶의 조건에서 지배를 받고 같은 조건을 공유하기 때문에 노인은 서로 먹고 먹히는 모든 피조물(Creatures)과 동류의식을 느낀다. 노인의 애정 어린 동류의식은 오직 물질적인 이익을 위해서 일하는 젊은 어부들과는 다르다. 한편, 욥과 같이 왜 내가 고통을 당해야 하는지에 대한 질문에 노인은 그 답을 찾을 수 없었고 앞으로 우리도 찾지 못할 것이다. 그렇지만 그와 같은 고통과 그 고통으로 인해서 나오는 사색과 질문을 통해서 서로 간의 동류의식이 싹트고 그로 인한 애정 어린 관계가 형성된다. 해답을 찾을 수 없지만 젊은 어부들의 방식을 택하지 않고 서로 공생하는 방식을 선택하고 주어진 상황에서 어떻게 하면 지금보다 더 나은 내일, 더 좋은 방법들을 생각하고 고민하는 것이 노인의 삶의 태도이고, 소년에게 노인이 건네고자 하는 고민 사항이다. 적어도 젊은 어부들처럼 수단과 방법을 가리지 않고 물질적 이익만 추구하는 방식은 소년에게 전수해 주고 싶지 않은 방식이 틀림없다.

노인과 같은 어부들의 행동규범의 철학적 기반은 아주 간단하다. 노인은 자연을 존중하고 자신들을 자연의 일부분으로 생각한다. 그리고 변함없는 자연에 들어가기 위해서(뛰어들기 위해서) 그들의 기술에 헌신하는 길에 온 힘을 다한다. 기계에 의존하는 것이 아니라 자신의 기술에 노력과 헌신을 더한다. 이 같은 철학적인 원리를 확대하다 보면 바다를 아름다운 여성(La Mar)으로 인식하는 데에 이른다. 그래서 바다를 사랑하면서 바다도 자연의 일부이고 바다가 간혹 잔인해진다는 것도 어쩔 수 없다는 것을 받아들이고 인정한다. 노인은 인간을 포함한 자연에 존재하는 모든 생명체에 대해 서로 동류의식을 갖고서 살아가는 것이 소년과 소년이 속한 공동체에 꼭 필요한 사항이라 생각했다. 소년은 설령 잠깐 아니면 영원히 힘들고 고통스럽다 할지라도 노인이 제시한 길을 걸어가길 희망했다.

3) 노인이 소년에게 남기고 싶지 않은 것

젊은 어부들은 행동을 통해서 기계화된 어부들의 행동에 대한 철학을 잘 나타내 준다. 이와 같은 실용적 물질주의자들은 바다를 남성(El Mar)으로 본다. 그들은 바다를 투쟁의 장소 심지어는 적으로 본다. 힘센 모터보트와 환경 무시로 대표되는 그들의 태도는 결국 스스로 어장의 황폐화라는 경제적 파괴의 씨앗을 뿌리는 것이다. 어부의 기술이나 노력에 의존하지 않고 기계에 의존하는 어부들, 자연과 사람이 하나이고 서로 보완적인 관계라고 생각하지 않는 어부들은 결국 자연을 황폐하게 만드는 주요인이 되는 것이다.

다른 사람들은 줄을 조류에 맡기지만 노인은 줄을 바르게 유지하는 그의 정확성에 관해 생각하면서 그는 자신이 운이 없다고 인정한다. 가치 없는 것을 추구하고 동류의식을 갖지 않고 오롯이 자신들의 이익을 위해서 행동하는 이들이 번창한다는 인식은 마치 욥과 같은 질문을 부연 설명해 준다. 선한 사람이 승리하고 잘되어야 하지만 그렇지 못한 상황, 잘되는 젊은 어부들과 자신을 자연 일부분으로 생각하는 어부들을 비교해서 생각하게 만드는 대목이다. 그렇지만 노인은 자신의 기술에 대한 신념과 기술에 묻어 있는 철학적인 기반 행동들이 매일 매일 새로운 날의 희망을 재정립할 것이며 자신의 고난을 이겨 내는 기반이 될 것이라고 확신하고 있다.

4) 노인을 강하게 만드는 것 : 신념(Faith) - 기회를 포착하기 위해 준비된 사람

노인을 강하게 만든 것은 무엇인가? 84일간 고기를 잡지 못하고 늙고 가난하고 외로운, 매우 처절한 상황에서 노인의 신념은 그를 지탱해 주는 희망이었다.

노인이 그 어려운 상황을 극복할 수 있는 힘은 노인이 가진 신념 (Faith)이다. 노인의 희망 안에 내재한 것은 기회가 찾아왔을 때 준비된 사람만이 그 기회를 잡을 수 있다는 것이다. 즉 '하늘은 스스로 돕는 자를 돕는다(God helps those who help themselves).'는 경구를 연상시킨다. 이 경구가 의미하는 것은 사람들이 통제할 수 없고 알 수 없는 힘에 직면하면 사람들은 희망과 신념을 고수하면서 자신의 능력만 의존해야 한다는 것을 말해 준다.

노인은 태양이 그의 눈을 상하게 했음에도 불구하고 시력이 아직 좋다고 인식한다. 그의 눈에 관한 현실적인 세부 상황은 삶의 고난을 그가 인내하도록 허용하고 인내하도록 유지해 주는 영감과 상상력의 풍부한 비전에 대한 은유적인 표현이다. 현실적으로 힘들고 어렵지만, 자신의 꿈을 위해서 참고 인내하도록 하는 원동력이고 그에 대한 표현이다.

노인이 처음에 날치를 쫓아가는 새를 따라갈 때 노인은 날치가 너무 빠르고 크기 때문에 새에게 기회가 없다는 것을 알게 된다.

The bird has no chance. The fying fish are too big for him and they go too fast. (34)

돌고래도 너무 빠르고 멀리 도망가기 때문에 잡기 어렵다. 그러나 노인은 그가 큰 고기(Big Fish)를 잡을 수 있을 것이라는 희망을 계속 고수한다. 노인은 생각한다. 분명 큰 고기가 어딘가에 분명히 있을 것이라고 생각한다.

My big fish must be somewhere. (35)

넓은 바다에 고기가 어디에 있을 것인가? 그렇다고 배가 젊은 어부들처럼 빠른 것도 아니고 모든 조건이 좋지 않다. 그러나 어딘가 분명히 노인이 찾는 큰 고기는 존재할 것이고 분명히 잡겠다는 도저히 불가능해 보이는 희망을 노인은 놓지 않는다. "Has no chance"라는 말은 본인(노인)의 현실 인식이다. 새가 빠르고 큰 날치를 잡는 것이 불가능해 보이는 것처럼 자신이 큰 고기를 잡는 것이 불가능하다는 현실 인식이다. 그런데 어째서 그런 상황에서 포기하지 않고 계속 자신의 희망을 굽히지 않는가? 신념이 노인으로 하여금 인내하고 싸우게 하였을 것이다.

노인은 외적인 어려움(고난)과 계속 싸우면 싸울수록 노인 자신 안에 있는 신념은 계속 새로워진다. 그의 노력이 실패한다는 것을 인정할 때 그의 생각은 암울해지고 신념과 의지는 사라진다. 인간이 자연과 친밀하고 공감하면서 자신의 일을 하지만 가끔 자연이 인간에게 심술을 부리기도 한다. 이러한 자연이 인간에게 보이는 모순적인 태도는 인간이 자연에 대한 태도를 바꾸게 하는 큰 요인이 된다.

대부분의 사람은 그런 자연의 잔인한 태도에 등을 돌리거나 포기하고 그만둔다. 그렇지만 노인은 이와 같은 현상을 하나하나 분리해서 보면

모순이고 그래서 자신이 가진 신념과 의지를 지탱해 나갈 수 없다는 것을 안다. 그래서 노인은 두 가지를 분리해서 보지 않는다.

노인은 두 가지가 상존한다고 보기 때문에 노인의 관점에 관해서 이해하기 위해서는 노인의 이해의 많은 부분이 자연과 밀접하게 관련 있다는 것을 상기할 필요가 있다. 예를 들면 덩굴옻나무처럼 많은 고통을 유발하고 낚싯줄을 가지고 일을 해야 하는 어부의 손과 팔을 쏘는 고깔해파리의 아름다운 무지갯빛에서 노인은 잔인함과 아름다움 모순된 두 가지를 보게 된다.

이 같은 이유로 노인이 해변을 걸을 때 거북이 고기를 잡아먹고 고기에 올라타고 노는 것을 즐겨 본다. 그렇지만 그는 사람들이 얼마나 무정한가에 대해서도 생각한다. 노인은 자기 자신을 향해서도 똑같이 무정하다고 느끼면서 거북과 동질감을 느낀다. 왜냐하면, 자신도 심장을 가졌고 손과 발도 거북과 비슷하다고 생각하기 때문이다.

그러나 거북이와의 이 같은 공감에서 즉 자연과의 교감과 공감을 통해서 노인의 마음속에 그리고 있는 비전과 신념은 힘든 상황 속에서 인내하고 극복할 가능성을 찾도록 해 준다. 인간의 마음속에 있는 단순한 생각과 신념만으로는 많은 일을 처리할 수 없다. 여러 명이 함께 일을 처리하는 일이 혼자서 일을 처리하는 것보다 더 쉬운 것처럼, 인간과 자연이 함께 호흡하고 교감하고 공감하면서 주어진 일을 극복하는 것이 인간에게 더 큰 힘이 된다는 사실을 노인은 알고 있고, 그 사실을 소년과 그가 살아가는 공동체에 알려 주고 싶은 것이다. 더 나아가서 인내할 수 있는 그의 의지와 가능성 안에 있는 그의 신념 그리고 자신 속에 있는 신념 등을 강화해 주는 고상한 그 어떤 것들을 노인은 자연 속에서 찾으려고 노력했다. 이를 통해 노인의 인생관과 태도를 볼 수 있다. 바다에서 자신이 하는 행동 하나하나가 의미 있으며 큰 고기를 잡기 위한 과정으로 보고 행동하는 것을 볼 수 있다. 노인은 자연에서 영감을 얻고 자연에서 힘을 얻고 자연에서 도전을 받고 상처도 받고 또한 위로를 받는다. 늙고 힘이 없는 노인을 지탱해 주는 힘은 자연이고 노인의 마음속에 있는 신념이다.

5) 빙산 이론과 주제(Iceberg Theory and Theme)

빙산 이론 또는 생략이론(Iceberg Theory or Theory of Ommission)은 헤밍웨이가 만들어 낸 쓰기 기법이다. 헤밍웨이는 젊은 기자로서 신문기사를 쓸 때 자신의 해석이나 맥락을 추가하지 않고 사건만을 기록했다. 그가 단편소설을 쓸 때는 기저에 있는 주제에 대한 명확한 언급 없이 표면적인 요인에 초점을 맞추는 미니멀리즘적인 문체(Minimalistic Style)를 유지했다. 헤밍웨이는 이야기의 깊이 있는 의미는 표면에 띄우는 것이 아니고 암암리에 비쳐야 한다고 믿었다.

1923년 단편소설 「계절에 벗어남」(Out of Season)을 완성한 이후에 헤밍웨이는 글 쓰는 새로운 이론에 관해 생각하게 됐다. 파리에서 젊은 작가로서 자신의 삶을 회고하는 『움직이는 축제일』(A Moveable Feast)에서 자신은 노인 자살행위의 진짜 목적을 생략했다고 설명했다. 이것은 어떤 것을 생략하는 자신의 새로운 이론이다. 그리고 생략된 부분은 이야기를 더 강화한다고 설명했다. 헤밍웨이는 『오후의 죽음』(Death in *the Afternoon*)에서 빙산 이론과 생략을 비교했다.

만일 산문 작가가 자기가 쓰고 있는 것을 충분히 알고 있다면 그는 자기가 아는 것을 생략할지도 모릅니다. 만일 작가가 충분히 진실하게 쓰고 있다면 독자는 그것을 작가가 쓴 것과 다름없이 강렬하게 느낄 것입니다. 빙산의 움직임에 위엄이 있는 것은 그것의 1/8만이 물 위에 나와 있는 까닭입니다. 작가가 몰라서 생략하는 것은 그의 작품에 단지 '텅 빈 자리(hollow places)'만을 만들어 놓은 것입니다.

If a writer of proses knows enough about what he is writing about he may omit things that the reader, if the writer I writing truly enough, will have a feeling of those things as strongly as though the writer had stated them. The dignity of movement of an iceberg is due to only one-eight of it being above water. A writer who omits things because he does not know them only makes hollow places in his writing.[2]

칼로스 베이커(Carlos Baker)는 헤밍웨이는 단편소설 작가로서 진실한 것보다 더 많은 것을 말할 방법으로서 진실 이외에는 아무것도 말하지 않는 방법, 강렬함을 강화하는 방법 불필요한 표현을 피하는 방법, 정제된 언어만을 사용하는 방법, 가장 적은 언어를 사용해서 가장 많은 것을 얻을 방법을 배웠다고 말한다. 또한, 베이커는 빙산 이론의 글쓰기 기법은 이야기의 서술과 뉘앙스의 복잡함이 이야기 그 자체의 표면 아래

---

2) Ernest Hemingway, *Death in the Afternoon*, London Jonathan Cape 30 Bedford Square, 1955, p.183.

에서 작동한다는 점에 주목했다.

제나 블럼(Jenna Blum, 1970~)은 『우리와 폭풍우를 쫓는 자를 구하는 사람들』(*Those who save us and The Stormchaers*), 『현명한 개에게서 배우는 삶의 교훈』(*Life Lessons from a Wise Old Dog*), 『직장에서』(*At Work*) 등 다양한 글을 쓴 미국의 작가이다. 그는 헤밍웨이는 소설에서 빙산의 윗부분만 보여 준다고 지적한다. 이 때문에 독자는 물 위에 있는 부분만을 보게 된다. 그러나 빙산 윗부분, 즉 등장인물에 관해 독자들이 가지고 있는 지식은 빙산 전체를 놓고 보았을 때 전체를 이해할 수 없게 한다. 이것이 작품의 이야기에 중요성과 진지함을 준다고 언급했다. 빙산의 윗부분만으로는 이야기 전체를 말해 줄 수 없고 이해할 수도 없다.

헤밍웨이는 에세이 「단편의 기법」(The Art of the Short Story)에서 생략의 개념에 대해 다음과 같이 썼다. "당신이 생략할 수 있다는 것을 알고 있다면 생략해야 한다. 그리고 생략된 부분은 당신의 이야기를 더 강화해 주고 당신이 이해한 그것보다 더 많은 것을 느끼게 해 준다. 이야기의 보이지 않는 부분으로 인해서 작가는 작품을 더 강화해 주고 작가가 생략한 부분의 질에 의해서 작품의 질은 평가받는다."

You could omit anything if you knew that you omitted and omitted part would strengthen the story and make people feel something more than they understood. By making invisible the structure of the story, he believed the author strengthened the piece of fiction and that the quality of a piece could be judged by the quality of the material the author eliminated.[3]

빙산 이론은 빙산의 내면과 표면 즉 빙산의 보이는 부분과 보이지 않는 부분으로 나눠서 보아야 한다. 작가는 눈에 보이지 않는 부분을 표현하지 않고 숨겨 두는 방식을 선택한다. 독자에게 모두를 말하는 게 아니고 주인공의 내면의 상태를 표현하지 않고 억제하는 방식 즉 최소한의 표현만 하는 방식이다. 앞서 말한 미니멀리즘적인 문체를 선택한다. 최소한의 표현과 억제하는 표현을 통해서 다의적인 의미를 전할 수 있다.

눈에 보이는 빙산의 윗부분은 매우 간단하고 불필요한 것들은 생략하는 방식을 선택한다. 그래서 생략기법이라고도 말한다. 한마디로 말하면 단순한 표현이다. 단순하지만 많은 내용을 포함해야 하는 함축적인 글을 써야 하는 어려움이 있다. 헤밍웨이의 글은 겉은 단순하지만, 속에 많은 것을 함축한 글이다. 그리고 단순한 글을 통해서 중심내용을 전달하기 위해서 중심내용을 잘 나타내면서 함축적인 글의 내용을 나타낼 수 있는 언어를 반복하여 이미지를 형성하는 기법을 사용했다. 그리고 그가 일한 《캔자스 시티 스타》(Kansas City Star) 지의 문체 작성 요령집은 이와 같은 문체를 형성할 수 있는 토양이 되었다.

작가는 빙산 이론을 통해서 중심인물과 중심 주제에 대해서 직접적이고 자세하게 기술하기보다는 상징적이고 함축적인 표현을 통해서 인물과 사건에 관한 서술을 전개한다. 빙산 이론에 입각한 글은 매우 사실적이면서 간단해야 한다. 그러다 보면 글이 지루하고 딱딱해지기 쉽다.

---

3) 위키백과(Wikipedia). http//en.wikipedia.org/wiki/iceberg theory.

그리고 사실적이고 간단한 글이 많은 내용을 함축해야 한다는 점이 매우 어렵다. 한마디로 말하면 겉은 간단하지만 속은 많은 내용을 함축하는 구조이다. 작가는 이 작품에서 주제를 구현하기 위해서 이야기를 우화, 풍자(Allegory)와 서술형식과 기법(Narrative form, mode)을 활용한다. 즉 다양한 의미를 표면적인 이야기의 기저에 숨기는 방식을 말한다. 작품의 앞부분에서 노인은 일반적인 노인보다 더 못하게 아주 허약하게 묘사된다. 그러나 소설이 전개되면서 처음에 묘사된 것과는 전혀 다르고 치열하게 삶을 살아가는 노인의 모습을 독자들에게 보여 준다.

위대한 문학작품이 독자들이 삶의 다양한 단계에서 다시 작품을 읽도록 하게 하거나 복합적인 수준에서 독서를 하게 하는 것은 문학에서 흔한 일이다. 즉 위대한 문학작품은 독자들의 삶에서 여러 가지 각도와 다양한 관점에서 보도록 하게 하는 것이 당연한 일이고 위대한 작품들은 다 그렇다. 이 작품의 내용은 노인이 3일 동안 고기잡이를 하는 과정에서 일어나는 단순한 구성의 글이지만 여러 가지 의미와 상상을 포함한다. 겉면의 구성과 표현이 단순하지만, 그 이면에 존재하는 다양한 의미들을 독자들이 상상하고 생각하게 한다. 이런 글의 특징을 통해서 작가는 자신이 말하고자 하는 바를 전달하고 풍성한 이해를 끌어냈다.

노인이 입은 셔츠는 돛처럼 여기저기 기워졌다. 겉모습은 오랜 노동과 허기로 말랐다. 열대 바다에서 평생 태양빛을 받았기에 손과 얼굴에 피부암의 반점이 있다. 그의 손에는 무거운 고기를 다루다가 난 상처가 있고, 그 상처는 고기를 잡지 못하는 동안에 엷어졌다. 뒤안길에 있는 최고의 날들은 온데간데없는 가난한 노인, 부인은 죽고 아들도 없고 야윈 모습에 고기도 잡지 못하는 상황. 이런 노인의 상황은 성경에 나오는 욥

(Job)의 상황과 비슷하다. 온갖 고생과 고통을 끝까지 참고 인내하는 모습에서 자신의 환경을 원망하지 않고 자신의 신념에 따라서 흔들림 없이 행동하는 것을 볼 수 있다. 겉모습은 힘이 없어 보이고 초라해 보이지만 큰 시련에 굴하지 않고 이겨 내는 모습은 노인이 아니라 청년에 가깝다.

혜밍웨이는 작품을 쓰는 동안 가능한 언어의 사용은 줄이고 의미는 많이 전달하려고 노력했다. 물에서 물고기가 점프했을 때 물결의 파문이 일듯이 의미가 규모가 점점 더 커지면서 울려 퍼지도록 하는 기법을 사용했다. 문장은 단순하지만, 그 이면에 있는 내용은 심층적이고 복잡한 의미를 내포하는 것이다. T. S. 엘리엇(Thomas Streams Elliot)과 제임스 조이스(James Joyce)가 사용했던 기법들을 혜밍웨이는 이야기를 풍요롭게 하고 역사적 사실적인 언급들로부터 나온 울림(Resonance)으로 다양한 주제들을 다루었다.

"In the American League it is the Yankees as I said,"
the old man said happily.
"They lost today," the boy told him.
"That means nothing. The great DiMaggio is himself again." (21)

디마지오(DiMaggio)의 언급은 노인의 깊은 신념과, 바다에서 큰 물고기와의 싸움을 예측하게 할 뿐만 아니라 그 이야기가 발생할 때인 9월의 정확한 날짜를 밝혀낸다. 이 같은 날짜를 통해서 쿠바의 문화, 경제, 사회적 배경 등을 많이 추론할 수도 있다.

"They say his father was a fisherman." Maybe he was as poor as we are and would understand.

"The great Sisler's father was never poor and he, the father, was playing in the Big League when he was my age." (22)

비평가들은 야구선수 딕 시슬러(Dick Sisler)의 언급을 바탕으로 해서 소년의 정확한 나이가 22살이라고 밝힌다. 노인의 애정 어린 관점과 결혼하지 않은 남자들을 부르는 히스패닉 관습(Hispanic Custom)에 의해서 소년이라고 불렀다는 것이다. 그렇다면 소년은 아이가 아니고 도제, 제자라고 볼 수 있다. 노인의 관점에서 준비물을 나르고 노인의 소중한 기술과 신념을 접하게 되는 제자인 것이다.

작품에서 어른은 그 나이가 가지고 있는 그 종족의 집단적인 지식의 어떤 것이든 젊은이들에게 전수하는 사람이다. 나이를 먹었다는 것은 단순히 경험이 많다는 것만을 의미하는 것이 아니고 살아오면서 습득한 집단적 지식을 젊은이들에게 전수한다는 것이다. 또한, 나이는 자신의 젊은 시절을 회상하게 하고 젊은이들이 대신해서 체험하게 한다. 소년에 대한 노인의 희망과 노인의 젊은 시절 추억의 혼합의 혼재 속에서 사자가 의미하는 것은 노인의 불멸성(Immortality)을 나타낸다. 젊은이들부터 나이 먹은 어른에 이르기까지 삶의 자연적인 순환(Life's Natural Cycle)에 직면하면서 젊은이에게 줄 수 있는 것이란 세월이 흘러도 변하지 않는 불멸성뿐이다.

6. 작품에 등장하는 인물 연구

1) 노인(Santiago)

『노인과 바다』의 노인은 자녀도 없고 부인도 죽어서 혼자 생활하고 있으며, 행운이라는 것을 아주 낯선 것으로 여긴다. 그러면서도 수많은 시련을 참고 인내하는 가난한 어부이다. 84일간 항해하면서 고기 한 마리 잡지 못하고 그로 인해서 그가 사는 공동체에서 인정도 못 받고 기량이 뛰어난 어부로서의 정체성도 인정받지 못했다. 그 결과 노인에게는 자식과도 같은 소년의 부모는 노인과 함께 항해하지 말고 다른 배를 타라고 말했고 그래서 소년은 노인과 함께할 수가 없었다.

노인의 철학과 내적 행동규범은 그 사회에서 그를 매우 독특하게 만들었다. 물질적 이익 추구와 관계없이 늘 가난한 생활을 영위하지만, 자신의 배에 대한 노인의 헌신은 돈에 의해서 동기 부여가 되는, 실용적인 것과 돈을 추구하는 젊은 어부들과 매우 대비된다.

그럼 노인이 원하는 것은 무엇일까? 노인이 원하는 것은 정신적 성취(Epic Catch)이다. 이것은 단순한 생존이 아니고 자신의 기술을 증명하는 것이고, 어부로서 자신의 정체성을 확인하는 것이다. 또한 마을 공동체에서 명예를 확보하는 것이고, 소년이 항상 노인에 대한 기억을 영원히 존중하고 소년이 인생에서 가장 중요한 그의 후계자가 되게 하는 것이다.

노인에게 있어서 인생에서 가장 중요한 것은 자신의 신념에 따라서 강렬한 열정과 고결함으로 생활하는 것이고, 자신의 기술과 자연의 선물을 자신의 능력에 맞게 사용하는 것이다. 그리고 자기 삶의 일을 통해서 개인의 존재를 향상하기 위해서 인내하고 투쟁하는 것이고, 존엄을 가지고 불가피한 파괴를 수용하여 자신이 얻은 가치의 모든 것을 다음 세대에게 전해 주는 것이다. 이와 같은 노인의 욕망은 우리 모두의 욕망을 대변해 준다.

노인이 이루고자 하는 일(욕망)은 우리가 모두 이루고자 하는 일(욕망)이며 다음 세대에 노인이 이루고자 하는 일(욕망)을 전해 주는 일이다. 노인은 철저히 물질적인 이득보다는 정신적인 그 무엇을 추구한 사람으로 볼 수 있다. 이 같은 삶의 태도는 젊은 어부들과 평범한 인간으로서는 힘든 일이며 도중에 포기하는 경우가 많다.

이른 아침의 태양이 그의 눈에 손상을 주는 것처럼, 그를 상하게 하는 삶의 고난에도 불구하고 노인을 특별하게 만드는 것은 그는 책임감 있는 사람이고 어부들이 애용하는 배에 관한 기술을 잘 알고 있는 사람이라는 사실이다. 일에 관한 기술이 특별할 뿐만 아니라 그 일에 대한 책임감이 강한 사람이며 노인은 그 분야의 전문가이다. 전문가란 단순히 그 일에 관한 기술이 풍부한 사람만 일컫는 것이 아니라 기술과 그 일에 대한 책임감을 겸비한 사람을 의미한다는 면에서 노인은 전문가라고 할 수 있다.

　나이를 먹으면 몸의 모든 부분이 노화가 되고 힘이 떨어지는 것은 자연의 정한 순리이다. 노인도 역시 인간이기에 신체의 모든 부분이 노화가 되었지만, 눈만은 예외였다. 그의 눈은 활기차고, 젊고, 패배를 모르는 살아 있는 젊은이들의 눈과 같다. 즉 푸른 바다처럼 맑고 활기찬 노인의 눈은 다른 신체 부위와는 대조적임을 알 수 있다. 눈은 그 사람의 마음의 상태를 잘 말해 준다. 비록 그는 늙었지만 그의 정신은 활기차고 패배를 모르는 젊음을 유지하고 있다.

Everything about him was old except his eyes and they were the same color as the sea and were cheerful and undefeated. (10)

　노인은 그가 필요한 신념과 영감을 일으키기 위해서 그리고 고난을 극복하기 위해서 다른 사람들의 결심, 몰두, 신념, 꿈, 희망 등을 자기 자신의 것으로 만들기 위해 자신의 상상력의 탁월한 힘을 어떻게 활용하고 때로는 어떻게 그것에 의존해야 하는지를 잘 알고 있다.

　일반적으로 자신의 지식과 경험이 아무리 풍부하고 탁월하고 경험이 많다 할지라도 살아가는 동안 자신의 지식과 경험만으로는 순간순간 닥치는 일들을 극복하기에는 부족하다는 것을 느낀다. 노인도 마찬가지였다. 힘든 상황에서, 포기하고 싶은 상황에서, 다른 사람에 비해 부족하다는 것을 느끼는 즉 열등감을 느끼는 상황에서, 자신의 경험과 지식의 한계를 느끼는 상황에서, 노인은 포기하지 않고 자신의 상상력을 최대한 발휘하여 고기와의 사투를 벌인다. 일반적인 사람으로서는 도저히 상상하기 힘든 초월적인 힘으로 상황에 대처한다.

　노인은 어떤 조롱이나 비난이 있더라도 자기 일에 몰두하면서 자신이 가진 모든 경험과 지식을 소년에게 물려주어 다음 세대에는 더 좋은 자연과 세상에서 생활하기를 희망하는 탁월한 힘을 가지고 있다. 만일 고기와 상어와의 싸움에서 탁월한 집중력과 신념이 없다면 노인은 현장에서 견디지 못하고 죽음을 맞이했을지도 모른다. 그렇지만 노인은 그 상황에서 자신의 지혜와 신념, 경험 그리고 기술을 발휘해서 그 상황을 극복하는 너무나 노련하고 숙련되고 유능한 면모를 보인다.

2) 소년(Manolin)

　소년은 노인의 마지막이면서도 가장 깊은 인간관계가 형성된 인물이다. 소년은 인간 존재의 세대 순환에서 그의 후임자이기도 하다. 소년은 노인의 기억과 그의 비전의 변형된 힘 그리고 어부로서 그의 기술을 맡기고 싶은 사람 중 하나이다.

　노인은 소년에게 멘토이면서 정신적인 아버지 그리고 마을의 노인(어른)이다. 반면 노인에게 소년은 학생이면서 아들이기도 하고, 앞으로 미래를 이끌어갈 학생이면서 젊은이다. 노인과 소년의 관계에서 흥미로운 것은 노인이 소년에게 더 의존하거나 그와는 정반대로 소년이 노인에게 더 의존하는 일이 없이 노인과 소년은 서로에게 필요한 존재이면서 서로 돕고 도움을 받는 그런 관계이다. 마치 이 자연에 존재하는 모든 동·식물들이 포식자와 먹잇감이 되어서 서로에게 영양분을 제공하는 공생 관계인 것처럼 노인과 소년의 관계는 그런 관계이다.

소년은 노인을 사랑하고 보살폈다. 이 소설의 마지막 부분에서 소년은 노인이 제시하는 모든 것을 수용하고 노인에게 자신의 신뢰를 공언했다. 에마누엘의 스페인식 이름인 마누엘(Manuel)의 애칭인 마놀린(Manolin)이란 이름으로 살면서 소년은 노인에게 위대한 투쟁의 진정한 의미와 그리고 그 투쟁이 자신이 그토록 갈망한 보이지 않는 무형의 그 무엇을 가져다주었다고 설명했다. 소년이 고기 잡을 때 사용하는 창을 노인으로부터 받았을 때 소년은 노인에 대한 자신의 신뢰를 보여 주었다. 그리고 소년은 노인이 소년에게 물려주고 싶어 하는 모든 것을 명확히 이해하고 수용했다.

노인은 소년이 자신의 기술뿐만 아니라 바다에서 펼쳐진 고기와 상어들과의 전투와 자연의 질서 속에서 자신도 역시 자연의 질서의 한 부분이라는 것을 받아들이면서, 전투에 임하는 자신의 생각, 신념, 태도 등을 계승하길 원했다. 또한, 노인은 소년이 물질적 이득과 돈에 의한 동기부여가 강한 젊은 어부들처럼 생활하지 않고, 자신만의 방식과 전문적인 지식을 갖추기를 바랐다. 그리고 자연의 선물에 욕심 부리지 않고 개인 존재의 가치를 향상해서 마을 공동체로부터 존경을 받기 바랐다. 소년은 그 과정에서 인내하고 투쟁함으로써 얻는 존엄성을 존경하고 자신도 그 길을 가고 싶다고 노인에게 약속하는 의미로서 창을 받고 싶다고 고백함으로써 진정한 노인의 후계자가 되고, 그로써 노인은 자신의 임무를 다했다는 안도감과 행복감으로 잠자리에 든다. 그리고 앞으로 소년이 사자처럼 용맹하고 지혜롭게 세상을 이끌어 가길 기대하면서 사자 꿈을 꾼다.

3) 청새치(Marlin)

청새치(Marlin)는 기량이 뛰어난 어부와 끈질긴 전투에서 잡힌 커다란 고기(A Great Fish) 그 이상이다. 노인은 자신이 가지고 있으면서 후대에 넘겨주기를 희망하는 것과 똑같은 자질을 고기에게 보여 주었다. 그 자질은 정신적 고결함, 삶의 위대함, 자기 자신의 정체성과 방식에 대한 충실함, 인내, 아름다움, 위엄 등이다. 사흘 동안 싸우면서 노인과 고기 사이에는 친밀한 관계가 형성되었다. 노인은 먼저 고기에 대해서 애석해했고, 존경을 표했고, 공감하고 동질감을 느꼈다. 고기가 바다에 고기로 태어난 것처럼 노인은 바다에서 활동하는 어부로 태어났다는 것을 인식했다. 고기와 노인은 먹잇감과 포식자의 자연 순환 속에 잠겨 있는 피할 수 없는 환경에서 형제라고 생각했다.

고기의 죽음은 노인이 필사적으로 희망한 정신적인 성취와 노인의 위대한 승리를 나타낸다. 그러나 고기처럼 노인도 역시 불가피하게 희생자가 되었다. 노인은 고기를 잡았으니 승리자이고 자신이 그토록 갈망했던 보이지 않는 것들을 얻을 것이라고 예상을 한다. 그렇지만 고기처럼 노인도 역시 희생자이다.

상어(Mako Shark)의 공격 후에 노인은 자신을 지탱하기 위해서 자신이 잡은 고기의 살을 먹음으로써 위대한 생명체들이 가지고 있는 고유한 어떤 것들을 노인에게 전달해 주는 자연계의 순환을 완성했다. 자연계에서 모든 존재하는 것들은 포식자 아니면 먹잇감이다. 서로가 싸우고 잡아먹고 먹히는 과정에서 서로에게 보완관계를 형성하게 되는 자연의 순환을 보게 되고, 노인은 그런 자연의 순환을 자신이 잡은 고기와 그 고기를 먹기 위해서 공격하는 상어와의 관계 속에서 보여 준다.

자연계에 존재하는 모든 생명체는 서로 간에 도움을 주고받는 관계를 형성한다. 일방적으로 주는 생명체도 없고 일방적으로 받는 생명체들도 없다. 노인은 자연계에서 이런 관계 형성을 이해하고 그 이해한 것을 소년에게 전해 주고 싶은 것이다.

필립 영(Philip Young)은 자연의 비극 순환 속에서 개인의 삶을 증진하기 위해서 수반되는 인내, 패배 그리고 고통을 나타내는 고기와 연결된 십자가에 못 박혀 죽은 예수의 암시가 노인에게 옮겨졌다고 지적했다. 고기의 용맹함과 성공하지 못한 투쟁은 상어로부터 고기를 구하기 위한 노인의 용맹함, 성공하지 못한 투쟁과 같은 모습을 띠고 있다.

닥치는 대로 잡아먹는 상어(Scanvenger Shark)는 고기의 물리적 가치를 탈취하고 노인의 배에 뼈대만 남겼다. 뼈대는 배에 묶여 있으므로 조류에 쓰레기와 함께 쓸려 내려가지 않았고 이것은 내재적 가치를 위해서 노인이 갈망해 왔던 위대함의 무언의 증거가 되었다. 젊은 어부들처럼 살아 있는 고기를 많이 잡아서 시장에 팔아서 많은 돈을 벌지도 못했고, 3일 동안 노인이 바다에서 혼자서 싸워서 얻은 결과물도 겨우 고기의 뼈대만이 남았을 뿐이다. 노인이 다시 육지로 돌아와서 배를 정박할 때 비록 고기의 많은 부분은 잃었지만 고기를 이루는 중심축인 뼈대만 남은 것을 보고 그래도 3일간 헛된 항해가 아니었고 자신이 그토록 갈망해 왔던 내적인 가치는 누구도 가져갈 수 없다고 생각한다. 즉 보이는 것들은 가져갈 수 있겠지만 보이지 않는 무형의 자산은 가져갈 수 없는 것이다. 노인의 추구하는 것도 앞으로 소년이 추구해야 할 것도 바로 이런 것이라는 것을 말해 준다. 젊은 어부들처럼 돈을 위해서 활동하기보다는 돈보다도 더 소중한 그 어떤 것을 추구해야 함을 소년과 마을 사람들에게 말하고 싶고, 보여 주고 싶은 것이다.

4) 노인과 젊은 어부(Old Fisherman VS Young Fisherman)

『노인과 바다』라는 작품에서 헤밍웨이가 보여 주고자 하는 견해는 철학적, 사회적, 경제적인 면에 기반한 등장인물들의 행동의 정확한 평가로 보인다. 노인의 마을에서 어부들을 두 부류로 나누는 일반적인 범주가 가장 두드러진다.

하나는 자연을 존중하고 자신들을 자연 일부분으로 보는 노인과 같은 어부들로 구성된 집단이다. 자연의 영구적인 패턴에 하나가 되기 위해서 그들은 자신들의 기술과 배에 대한 헌신에 의존한다. 이들은 현대적인 기술의 이익 산업화 세계로부터의 고립되고 격리된 전통적인 어업 문화의 일부분이고 그것을 고집하는 집단이다. 그리고 그들은 밀접한 공동체 생활과 대가족을 고수한다. 그리고 이들은 바다를 여성(La Mar)으로 부른다. 그리고 바다의 아름다움과 잔인함이 종종 공존한다는 것을 잘 알고 있다. 이 집단의 대표로서 노인은 종교적인 의식과 정확성으로 어업을 수행한다. 그리고 자연의 영구적인 순환 속에서 서로가 영양분을 공급하고 공동 운명을 공유하는 살아 있는 모든 생물체와의 동료 의식(연대감)을 가지고 있다.

한편, 젊은 집단의 어부들은 자연을 무시하고 실용적인 가치만을 추구한다. 자신들의 꾸준한 수입을 확실히 보장하기 위해서 그들은 자신의 기술을 의존하기보다는 모터가 달린 보트나 부표에 연결한 줄과 기계에 의존한다. 젊은 어부에게 어업은 물질적인 발전의 일부분이고 그들의 삶을 위한 산업화한 세계에 의존한다. 따라서 그들은 나이 먹은 어부들과 달리 지역의 공동체와 대가족을 고수하지 않는다. 젊은 어부들은 바다를 남성(El Mar)이라고 지칭한다. 그리고 그들은 바다를 그들이 정복해야 할 경쟁자 아니면 적으로 생각한다. 정신적인 만족, 의미 있으면서 본질적이고 정신적인 가치에 대한 헌신적인 어부들의 가치관과는 매우 다르며, 본인들의 이익을 위해서 자연 세계를 강탈하는 것이 그들의 생활철학이다.

이 두 집단의 철학적 차이에서 노인이 경제적인 보장을 무시한다고 말하는 것은 결코 아니다. 가난, 가끔 복권에 당첨되는 것에 관한 생각, 시장에 내놓으면 높은 가격을 받을 수 있는 맛있는 고기에 관한 생각 등 노인이 자신의 경제적인 여건에 대해서 간절하게 느끼는 장면이 종종 나온다.

대신 삶의 의미를 부여하고 정신적인 풍요를 제공하고 개인의 존재 발전을 보장해 주는 보이지 않는 것(물질적인 것이 아닌)을 노인이 얼마나 간절하게 갈망하는지 철학적 차이점을 통해서 강조해 준다,

이 두 집단 사이의 철학적 차이에 대한 인식은 욥의 인식과 비슷하다. 죄 없이 순수하게 잘 살아가는 사람들이 고통을 당하는 것을 보며 왜 그런지 생각하고 질문한 욥처럼, 노인은 많은 바람과 파도가 이는 바다가 잔인할 때 바닷새는 왜 연약하게 태어나서 고통스럽게 살아가야 하는지, 더 나아가서 자기 자신도 고통을 감내하면서 살아가도록 태어났는지에 대해 생각한다.

노인은 자격이 없는 사람들이 왜 번창하고 성공하는지에 대한 욥의 질문을 생각하면서 낚싯줄을 바르게 유지하는 사람보다 낚싯줄이 표류하도록 놓아두는 사람들이 성공하는 그 이유에 대해 궁금해했다. 노인은 고기를 죽이는 것이 커다란 죄가 되는 것이 아닌가에 대해서 생각할 때 자주 이 두 가지 질문에 대해서 대답을 했다. 노인은 결국 먹잇감으로(Not a Food) 고기를 잡는 것이 아니고 자신이 어부(a Fisherman)이기 때문에 고기를 잡는다고 결론을 내렸다.

이 같은 노인의 이해에는 욥에 대한 하나님의 대답이 존재한다. 하나님의 대답은 그 같은 고통은 우주의 본질이라는 것이다. 약간 수수께끼 같지만, 노인은 자신이 해야 할 일을 하는 것이고, 자신은 그런 일을 하기 위해서 태어났으며, 사물의 영구적인 본질에서 자신의 역할에 맞게 행동하는 것이라고 이해한다.

왜 선량한 사람들이 고통을 받아야 하고, 왜 바닷새는 연약하게 태어나고, 노인은 고기 한 마리 잡지 못하고 먼 바다까지 나가야 하고, 자격이 없는 사람들은 번창하고, 낚싯줄을 표류하게 하는 사람들이 성공하는 이유 등 이 모든 것들을 수용하는 것이 노인과 신의 대답이다. 이것이 바로 작품에서 작가가 말하고자 하는 것이다.

먹이라면 가리지 않는 먹는 상어(Scavenger Shark)와 맥을 같이하는 실용적인 어부들은 승리한다. 그들은 모든 생명체를 승리자 아니면 희생자로 만드는 자연계의 질서에 일치하는 세계관을 갖고 있다. 그러나 실용적인 어부들의 철학이 그들 자신의 경제를 파괴하는 씨앗을 뿌린다. 사회·경제적 변화 그리고 그 이후 새로운 것이 나타나더라도 소년과 노인의 철학을 가진 사람, 즉 현재의 고통과 어려움이 다소 불만이고 힘들더라도 주어진 상황에서 최선을 다하면서 자연, 이웃들과 더불어 살아가는 사람들이 결국 인정을 받게 된다.

7.『노인과 바다』: 쿠바의 역사·문화·종교·음식과 술

1)『노인과 바다』: 쿠바의 역사·정치·문화·경제적인 배경

『노인과 바다』(*The Old Man and the Sea*)는 헤밍웨이의 다른 작품들처럼 역사적인 사건을 기반으로 쓴 것이 아니다. 오히려 자신의 직접적인 경험 즉 쿠바에서 주민들과의 생활과 경험을 바탕으로 쓰였다고 봐야 한다. 이 작품은 1959년 피델 카스트로(Fidel Castro)가 정권을 잡기 전, 쿠바의 전형적인 생계유지를 위한 어부였던 노인을 묘사하고 있어서 작품에 쿠바의 역사, 정치, 경제 등 많은 요소를 드러낸다.

멕시코 만에서 고기를 잡는 어부들은 쿠바인들에게 생계와 생존을 제공해 왔다. 즉 바다가 쿠바인들에게 있어서 생계의 매우 중요한 수단인 것이다. 『노인과 바다』의 노인(Santiago)의 실제 모델인 안셀모 헤르난데스(Anselmo Hernandez)는 코히마르(Cojimar)에 살았다. 그는 바다에서 일하면서 생계를 유지하고 마을에 식량을 제공했다. 더욱이 쿠바의 해류 주변에 서식하는 청새치(Marlin), 상어(Shark), 돌고래(Dolphin) 같은 고기들은 섬 주민들에게는 생계를 유지하게 해 주는 수단이었다.

그 방식이 관광산업이든 아니면 다른 방식이든 어민들에게는 고기들이 매우 중요한 것이었다.

혜밍웨이의 유람선(Pleasure Boat)인 필라(Pilar)를 조정하는 그레고리오 퓨엔테스(Gregorio Fuentes)도 작중 인물의 모델로, 플로리다(Florida)와 멕시코 만에서 부유한 관광객을 대상으로 낚시여행을 주선했다.

쿠바의 멋진 기후와 풍부한 천연자원으로 인해서 관광객들과 미국의 국외 거주자들은 자신들의 이익과 즐거움을 위해서 섬을 착취했다. 혜밍웨이가 주민들을 착취하는 일에 앞장선 것은 아니지만 혜밍웨이도 관광객 중의 하나였다. 혜밍웨이는 1949년 《헐리데이》(*Holiday*) 지에서 「거대한 푸른 강」(The Great Blue River)이라는 제목으로 쿠바의 매력을 기고하기도 했다. 이 잡지는 미국의 부유층들이 보는 것으로서 사람들이 쿠바의 이국적인 곳에 많이 오도록 하는 작용을 했다. 미국 내에서 불법인 투계(Cockfights), 도박(Gambling), 사격(Shooting Club) 등이 쿠바에서 할 수 있는 활동들이었다. 그러나 혜밍웨이에게 있어서 쿠바의 가장 큰 매력은 바다가 제공하는 낚시였다. 이 같은 오락을 위해서 큰 바다 여행을 하는 사람들이 『노인과 바다』의 마지막 페이지에 등장한다. 관광객들은 테라스에서 웨이터에게 고기의 사체에 관해서 물어본다. 그러자 웨이터는 "상어(Tiburon)"이라고 반응한다. 그 이유는 관광객들에게 상어에 의해서 고기가 철저히 없어지고 꼬리 부분만 남았다는 것을 알려 주려는 의도였다. 그러나 관광객들은 이해하지 못했고 그 시체가 상어의 사체라고 생각했다. 이 같은 관광객들의 오해는 관광객들이 쿠바의 경험과 원주민들이 알고 있는 것에 대해 완벽한 이해를 하지 못했다는 것을 말해 준다.

　노인과 같은 보통의 쿠바인들은 자신들이 사는 곳에 여행을 온 관광객들과 생각이 아주 달랐다. 여행객들은 단순히 여행을 와서 즐겁게 놀고 가는 곳이지만 쿠바의 보통사람들에게 이곳은 힘들게 일을 해야 먹고살고, 비참한 빈곤과 사회적 불평등을 해결해야 하는 치열한 삶의 현장이다. 헤밍웨이는 그곳에서 오랫동안 머물면서 지역 주민들과 교류하고 작품 활동을 했다. 그 결과 쿠바인들의 삶을 형성하고 있는 역사, 정치, 경제, 문화적인 요인들이 작품에 투영되었다. 따라서 노인을 포함한 등장인물과 작품을 이해하기 위해서는 쿠바의 전반적인 내용의 이해가 필수적이다.

　크리스토퍼 콜럼버스(Christopher Columbus)가 15세기 말 쿠바에 상륙하면서 쿠바는 스페인의 지배하에 들어가게 된다. 스페인인들의 매우 잔인한 취급으로 인해서 원주민들이 사라졌다. 그로 인해서 스페인인들은 설탕 재배를 위한 노동력을 제공하기 위해 노예 매매를 허용하고 노예들을 들여왔다. 이후 3세기 동안 쿠바는 스페인의 지배에서 벗어나기 위한 다양한 노력을 했다. 쿠바의 정치적인 문제에도 불구하고 미국인들은 19세기에 자신들의 건강과 즐거움을 위해서 쿠바에 모여들었다. 그리고 미국인들은 자신들의 즐거움을 즐기기 위해서 인종적, 계급적 불평등을 무시하고 오로지 자신들의 이익과 즐거움만을 추구했다.

　1868년 카롤스 마누엘 드 체스페데스(Carlos Manuel de Cespedes)는 쿠바의 독립을 위해 10년간 전쟁을 했고, 스페인의 지배를 종식했으나 스페인과의 전쟁은 끝나지 않았다. 호세 마르티((Jose Marti)와 고메즈 장군(General Maximo Gomez)이 계속 투쟁을 이어갔지만 이번에는 미국의 개입을 불러왔다. 미국인들의 재산과 생명을 보호하기 위해서 1898년 2월 15일 쿠바의 아바나에 정박했던 미국 군함 메인함(Battleship Maine)이 폭파됐다. 미국은 스페인이 한 것으로 몰고 갔고, 그로 인해서 미국과 스페인의 전쟁이 시작되었다. 전쟁에서 승리한 미국은 1902년 까지 군사정부를 유지했다. 그해 토마스 에스트라다 팔마 장군(General Tomas Estrada Palma)이 초대 쿠바 공화국 대통령이 되었다.

미국은 1901년 통과한 플랫수정(Platt Amendment)을 통해서 쿠바를 지배했다. O. H. 플랫 상원의원을 위원장으로 하는 쿠바 관계위원회 보고서에서 이름이 붙었다. 미 군정의 담당하에 들어간 쿠바는 1901년 2월 헌법 제정을 해서 독립 체제를 정비했다. 미국은 쿠바 독립이라는 명목으로 쿠바 내정간섭 및 해군기지 차용권 등을 포함한 플랫 수정조항을 쿠바 신헌법에 부대 조항으로 삽입시켜서 사실상 쿠바를 미국의 보호국으로 삼았다. 20세기 초 쿠바는 정치적 혼란과 경제적 갈등, 압박에 시달렸다. 상류계층과 가난한 하류계층 간의 차이는 끊임없는 정치적 불안을 촉발했다. 그런데도 쿠바는 미국에 있어서 즐겁게 놀 수 있는 천국이었다. 1차 세계대전에서 쿠바는 연합군 측으로 가입했고 이후 미국은 계속 정치적으로 간섭을 했다.

헤라르도 마차도 이 모랄레스(Gerarodo Machado y Morales)는 독립 전쟁의 영웅이었으나 훗날 악명 높은 독재자로 군림했다. 그는 1925년 자유당 총재로서 쿠바 대통령이 되었고 정치적 개혁을 약속했다. 그러나 1933년 국가에서 추방당하기 전까지 독재자로 군림했다. 이러한 쿠바의 국내의 정치적 갈등도 미국인들의 관광을 막지는 못했다. 사실 마차도 정부 때 헤밍웨이는 쿠바를 정기적으로 여행했다. 헤밍웨이는 플로리다 키웨스트(Florida Key West)에 살고 있었으나 글 쓰는 데 필요한 사적인 생활공간이 많이 부족해서 쿠바를 여기저기 여행했다. 헤밍웨이는 쿠바에 있는 동안 암보스 호텔(Ambos Mundos Hotel)에 방을 빌려서 생활했다. 그는 종종 아바나에 있는 역사적인 횟집과 술을 파는 라 플로리디따(La Floridita)에 갔다. 허름했지만 약 30년간 헤밍웨이를 반겨 주었던 곳이었다.

1930년 헤밍웨이는 여름에 쿠바에서 큰 고기를 잡았다. 이 같은 성공은 헤밍웨이가 다시 한번 기자가 되게 했다. 그는 《에스콰이어》(Esquire)지에 사냥과 낚시에 관한 기사를 보냈다. 1934년 플랫 수정이 폐지되었다. 1930년 미 의회 상원은 폴헨시오 베티스타(Fulgencio Batista)의 통치를 승인하고 베티스타는 대통령에 오른다. 그리고 변화와 개혁을 이룰 것이란 기대를 받게 된다. 그는 가난한 집안에서 출생했지만, 교육을 받고 중사로 진급했다. 그는 쿠바에 법 질서를 세우겠다고 약속했다. 베티스타의 첫 대통령 임기 동안 새로운 헌법을 확립하고, 독일, 일본, 이탈리아에 대항하는 2차 세계대전에 참전하게 된다.

1940년 헤밍웨이는 쿠바에서 일명 'Crook Factory'이라는 정보원 조직을 만들었다. 조직원 대부분은 스페인의 독재 정부를 피해 온 난민들이었다. 그들은 쿠바에서 나치 지지자들에 대한 정보를 수집했고 헤밍웨이는 이것을 미국에 넘겼다. 1차 세계대전과 스페인 내전 기간 동안 역사적인 사건을 직접 본 기자로서, 전쟁의 열렬한 참가자로서 헤밍웨이는 쿠바에서 나치 지지자들에 대한 정보를 찾기 위해서 사람들을 모아서 'Crook Factory'를 만들었다.

이 집단은 핀카 비히아에 본부를 두고 신부님에서부터 매춘부, 지역의 어부에 이르기까지 다양한 정보원들을 활용했다. 헤밍웨이는 스페인어를 잘했기 때문에 아바나에 있는 미국대사관에 가져온 기사들을 번역하고 처리할 수 있었다. 헤밍웨이는 시민들에게 플로리다 해협과 멕시코 만을 순찰하겠다는 의향을 밝혔다. 그리고 자신의 전용 보트 필라(Pilar)를 활용해서 나치 활동을 정찰했다. 헤밍웨이는 1942년 5월에 쿠바에서 반스파이 활동(Counter Intelligance)을 시작했다. 그리고 그해 7월에 쿠바 북서해안 앞바다에서 연안경비대 활동을 했다. 이 같은 경비 활동은 1944년 2월까지 이어졌다.

그해에 베티스타는 권좌에서 물러나고 라몬 그라우산 마르틴(Raman Grau San Martin) 다음으로 1948년 캐롤로스 프리오 소카라스(Carlos Prio Socarras)가 대통령에 당선된다. 쿠바는 이 기간에 비교적 안정적이었다. 그리고 헤밍웨이는 핀카 비히아에 자신의 거주지를 만들었다. 이곳은 도시에서 20분, 바다에서는 10마일 떨어진 곳에 있어서 근처 도시의 아름다움을 즐길 수 있고 깊은 바다에서 낚시도 즐길 수 있는 아주 좋은 곳이었다. 그는 이곳에서 지역의 어부들과 협회도 만들어서 어부들과 교감을 이루었다.

그 섬에는 노름(Gambling)과 야간에 할 수 있는 유흥들이 많아서 휴가 온 미국인들이 찾아오기도 하고 헤밍웨이와 그의 손님들도 같이 보고 즐기기도 했다. 헤밍웨이의 개인용 보트 필라(Pilar)는 감시하는 일을 하지 않을 때는 전용 낚시와 해상의 즐거움을 위한 용도로 사용되었다. 1952년 3월 군사 쿠데타(Military Coup)에 의해서 베티스타는 다시 쿠바를 장악했다. 그는 1950년 독재자로 바뀌었고, 특히 가진 자(Haves)와 가지지 못한 자(Have-nots)들의 급격한 분열로 나라를 갈라놓았다. 베티스타가 다시 권좌에 오른 바로 직후에 《라이프》(*Life*) 지에 9월에 처음으로 「노인과 바다」가 연재되었고, 이듬해에 9월에 찰스 스크리브너즈 선즈(Charles Scribner's Sons)에서 양장본(Hardboard)으로 출판되었다.

산티아고(Santiago)는 20년 동안 헤밍웨이가 알고 지낸 쿠바의 가난한 어부에게서 착안한 인물이다. 그러나 이 작품에서 작가는 명시적으로 사회적인 문제를 드러내지 않았다. 그리고 가난한 어부들이 절망적인 가난 속에서 살아가도록 몰아넣는 환경에 대한 개혁을 주장하지도 않았다. 헤밍웨이는 오랫동안 전문적인 쿠바 어부들의 기술을 흠모하는 부유한 미국인으로서 쿠바에서의 자신의 위치를 즐겼다. 그리고 낚시를 통해서 자신의 즐거움을 얻기 위해서 어부들을 고용하기도 했다. 자신의 삶이나 작품 속에서 쿠바인들을 경제적으로 더욱 나은 상황을 만들려는 시도도 없었다. 그런데도 『노인과 바다』는 노동자 계층의 역경을 나타내 주는 작품으로 세계적인 교감을 얻고 있다.

『노인과 바다』는 쿠바 정부가 헤밍웨이를 예우하는 계기가 되었다. 1952년 9월 23일 쿠바관광청은 헤밍웨이에게 명예훈장을 수여했다. 헤밍웨이는 쿠바의 북쪽 해안에 있는 모든 어부의 이름으로 훈장을 받았다.

2년 뒤 1954년 7월 21일 베티스타는 헤밍웨이에게 쿠바의 이익과 일류의 발전을 위해 이바지한 사람에게 수여하는 가장 고귀한 상인 카를로스 마누엘 드 체스페데스(The Order of Carlos Manuel de Cespedes) 상을 수여했다. 그러나 베티스타가 이 상을 수여하는 것에 대한 논란이 있었다. 이 상은 억압으로부터 쿠바 국민들을 해방하기 위해서 노력한 쿠바 지도자인 체스페데스를 기념하기 위해서 만든 상인데, 이 역사적인 시점에서 베티스타는 독재로 국민을 억압하기 시작했기 때문에 베티스타가 이 상을 수여하는 것이 문제가 있었던 것이다. 1955년 11월 7일 헤밍웨이는 쿠바 정부로부터 산크리스토발 훈장(Order of San Cristobal)을 받았다.

헤밍웨이는 『노인과 바다』를 통해서 국제적인 인정을 받았다. 1953년에는 이탈리아 책 가판대에서 하위계층들이 가장 많이 구입한 도서로 선정되었다. 이탈리아 책 행상인들이(Italy's Itinerant Book Paddlers) 수여하는 상으로, 노동자 계층에게 인정을 받았다는 것을 의미한다.

같은 해에 『노인과 바다』는 문학적으로 명망 있는 퓰리처상(Pulitzer Prize)을 받게 되었다. 이 작품은 미국 작가들에 의해서 그해 출판된 소설 중에서 가장 뛰어난 작품으로 평가받았고 『뉴욕 타임스』(New York Time)에 실렸다.

가난과 온갖 역경으로 힘들어하는 쿠바인들이 주목하고 젊은 피델 카스트로(Fedel Castro)라고 불리는 젊은 변호사의 함성에 관심이 있을 때 『노인과 바다』는 헤밍웨이가 전 세계적으로 유명한 작가 중 한 사람으로 자리매김하는 계기가 되었다.

1927년에 태어난 카스트로는 1950년 아바나 대학(University of Havana)에서 법학 학위를 받았다. 그리고 곧 그는 베티스타를 축출하는 운동의 지도자가 되었다. 1953년 베티스타에 대한 반란은 성공을 거두지 못다. 그 후 그는 피노스 섬(Isle of Pines)에 유배된다. 그는 "역사가 나를 용서할 것이다(History will Absolve Me)!"라고 썼다. 그리고 1950년대 자신이 반란을 촉발하도록 한 상황에 대한 관찰들을 기록했다. 석방된 이후에 1956년 카스트로는 베티스타 정부의 전복을 다시 시도한다. 그러나 성공하지 못하고 쿠바의 산속으로 피신했다. 베티스타에 맞서 카스트로는 게릴라 전술(Guerrilla Tactics)을 사용했고, 1959년 1월 1일 베티스타를 축출하는 데 성공했다.

쿠바 사회가 작품에 나오는 인물들의 형성에 영향을 주었기 때문에 카스트로 정부 이전의 쿠바 사회의 정치, 경제, 사회, 문화적인 상황에 대한 이해가 『노인과 바다』를 이해하는 데 많은 도움이 된다. 특히 작품을 이해하기 위해서는 당시 쿠바 사회의 일반 어부들의 삶을 이해하는 것이 매우 중요하다. 당시 지배계층들에 의한 명령, 지시에 복종하면서 생활하는 삶의 형태와 낚시를 업으로 삼고 생활하는 어부들에 대한 정보의 이해가 이 작품을 이해하는 데 매우 중요하다.

쿠바에 여행 온 여행 작가들이나 정치가들은 쿠바의 상황에 대해서는 잘 묘사하고 표현한다. 그러나 그들의 글의 목표는 다르다. 이 작품의 끝에 나오는 여행객들에게 있어서 쿠바는 황홀한 즐거움을 즐길 수 있는 섬으로만 묘사된다. 그들은 노인의 쿠바(Cuba of Santiago)와 카스트로에 의한 열정적인 맹렬함과 같은 역사적인 사건을 이해하지도 보지도 못한다.

『노인과 바다』는 쿠바 하층민들의 고난과 어려움과 삶을 대변하는 작품으로 자리매김했고, 그 덕에 작가와 작품이 전 세계적으로 인정을 받을 수 있었다. 그렇지만 헤밍웨이나 미국 관광객은 쿠바인들의 아픔과 고통을 이해하고 그들을 도우려는 노력은 잘 보이지 않았다. 이와 같은 대비적인 점들을 잘 보기 위해서는 쿠바의 역사와 작품의 관계를 연구하는 것이 매우 주요하다.

2) 쿠바 문화 : 인종적 배경(Cuban Culture : An Ethnic Background)

지리적, 역사적, 경제적 여건이 한 사람의 삶에 심대한 영향을 주는 것처럼 큰 힘은 아니겠지만 민족성도 개인의 삶과 경험을 형성하는 데 큰 요인이 된다.

민족성이란 그 민족의 기원에서 유래하는 언어적, 종교적, 문화적 관행뿐만 아니라 민족의 국가적, 인종적 기원을 통해 사람들의 집단을 정의하는 사람의 전체적인 특징을 의미한다. 20세기 후반에 민족의 다양성에 대한 관용을 촉진하고 개념을 이해하기 위해서 미국의 대학에서 민족 연구에 관한 많은 프로그램이 진행되기 시작했다. 21세기에 들어서는 민족 연구가 더 중요하게 되었다.

다른 민족성을 가진 사람들이 세계 경제, 인터넷, 여행을 통해서 서로 빈번히 접촉함에 따라 다른 사람의 민족적 배경(Ethnic Background)에 대한 이해가 중요한 점으로 부상하고 있다.

『노인과 바다』에 등장하는 노인은 실제 쿠바에 살았던 인물이기 때문에 그의 언어, 종교 같은 많은 요소를 이해하지 않고서는 노인을 이해할 수 없으므로『노인과 바다』는 등장인물뿐만 아니라 그 당시 쿠바의 어부들에 관한 민족성 연구에 많은 부분을 제공한다.

쿠바는 시보네이족(Ciboney Tribe)이 사는 나라였다. 1942년 스페인에서 배를 타고 콜럼버스는 쿠바에 코카시안(Caucasians)들과 함께 왔다. 그들이 섬에 도착했을 때 대서양 횡단 자금을 제공한 스페인의 페르디난드와 이사벨라(Ferdinand and Isabella)의 딸 이름을 따서 쥬안나(Juana)로 불렀다. 이후 이 섬은 본래 원주민의 이름인 쿠바나스칸

(Cubanascan)의 파생어인 쿠바라고 불리게 되었다. 스페인은 북아메리카에 더 많은 곳을 탐험하기 위한 전진 기지로 쿠바를 식민지화하기 시작했다.

16세기 중엽 원주민들은 거의 말살되었다. 식민지 개척자인 코카시안들이 농장을 운영하기 위해서 노예들을 유입하고 원주민들을 잔혹하게 다뤘기 때문이었다. 16~18세기 동안 쿠바는 스페인이 지배하고 있었다. 스페인 정권이 혹독하게 억압했음에도 불구하고 쿠바의 인구는 증가했다. 19세기 쿠바는 세 파벌로 나뉘게 된다.

첫 번째는 백인으로, 가장 적은 집단이다. 그러나 이들은 지배계층이다. 주로 스페인 태생의 상인(Spanish-born Merchant), 그리고 쿠바는 스스로 자국을 운영할 수 없다고 믿는 농장 소유주들이다.

두 번째 집단은 크리올로, 두 번째로 큰 집단이다. 이들은 스페인 선조들의 후손으로 아프리카인이나 원주민 중에서 한쪽과 결혼을 해서 구성된 집단이다.

세 번째 집단이 가장 큰 집단이다. 이들은 아프리카 노예의 후손들이다. 오늘날 아프리카 쿠바(Afro-Cubans)인이 쿠바에서 인종적으로 가장 큰 집단을 형성한다.

쿠바의 노예들은 광산과 농장에서 대부분의 육체적 노동을 제공한다. 그렇지만 그들은 법적 권리나 보호는 전혀 받지 못하고 비참한 환경에서 생활했다. 지속적인 아프리카인들의 유입 때문에 이 집단은 다른 두 집단보다 빠른 속도로 증가했다. 따라서 노예 반란의 가능성은 항상 남아 있었다.

쿠바와 물리적으로 가장 근접한 미국 서쪽에서 생활하는 노예 소유주들은 노예 폭동과 해방 운동이 자신들의 재산을 불안하게 만들 수 있다는 두려움 때문에 노예들이 섬나라에서 계속 살기를 기대했다. 바다에서 떨어져 있으므로 혹시 모를 노예들의 폭동으로부터 더 안전할 것이라는 생각이었다. 1844년 노예 폭동이 발생했지만, 완전히 잔인하게 진압되었다. 1886년 쿠바에서 노예제도가 폐지되었다. 그 후 10년 뒤 백인과 흑인의 완전한 평등이 선포되었다.

작품에서 노인이 기억하는 팔씨름 경쟁자인 시엔푸에고스 출신 흑인(Negro from Cienfuegos)은 아프리카 노예 후손 출신 집단의 사람이다. 노인의 인종에 대해서 명확하게 언급하지는 않았다. 그러나 흑인의 정체성을 가진 사람으로 추론된다.

작품에서 가난한 아프리카계 쿠바인(Afro-Cubans)과 스페인계의 쿠바 후손들의 팔씨름은 평평한 탁자에서 이뤄진다. 그들이 사는 국가나 사회에서는 다양한 계층들이 존재하고, 돈 많은 사람과 노예 그리고 노예를 농장에서 부리는 사람들 간에 서로 불평등의 관계가 형성되지만, 팔씨름 판에서는 서로가 대등하고 평등하다. 팔씨름하는 테이블은 한쪽으로 기울어져 있지 않고 평평하다(Equal Plane). 작가는 현실 생활 속에서의 불평등, 인종적으로, 물질적으로 하층민들의 힘들고 불만스러운 상황을 팔씨름 판을 통해서 조금이나마 평등하고 동등한 삶을 말하고 싶었던 것 같다. 작가는 인종적인 문제 특히 노예의 문제에 대한 특별히 반대하는 사회운동에 참여하지 않았고, 공식적으로나 명시적으로 말을 하지는 않았다. 그렇지만 자신이 쿠바에서 생활하면서 본 것들을 바탕으로 작가만이 할 수 있는 사회의 문제점 등에 대해서 비유적으로 서술한 것으로 추론이 된다. 1, 2차 세계대전, 스페인 내전 중 나치 운동에 대한 저항운동 등에서는 직접적인 참여로 자기 생각을 표현하고 작품에 반영했지만,『노인과 바다』에서 작가는 쿠바의 인종적인 문제 특히 노예와 인종차별적인 문제에 대해서는 작품을 통해 자기 생각을 우회적으로 표출한 것으로 봐야 할 것이다.

3) 쿠바의 종교

스페인 침략자들은 쿠바에 로마 가톨릭(Roman Catholic) 종교를 가져왔다. 그래서 대부분의 쿠바인은 가톨릭 신자이다. 헤밍웨이 자신도 1934년 가톨릭으로 개종했다. 헤밍웨이는 1950년 초에 작품을 쓸 때 노인을 자연스럽게 가톨릭 교인으로 묘사했다. 가톨릭교도는 예수를 인간 모습을 한 신으로 믿었다. 즉 예수의 아버지는 신, 어머니(Mary)는 인간이다. 다른 기독교 교파의 사람들처럼 가톨릭교도는 예수 그리스도를 구세주(Savior)로 여긴다. 예수를 낳은 성모 마리아는 인간이지만 가톨릭교도는 성모 마리아를 숭배한다. 예수 그리스도의 아버지는 인간이 아니고 신이기 때문에 성모 마리아는 신성한 존재로 숭배받는다. 가톨릭교회에서는 일반인이 성인으로 불리는 특별한 관계를 믿는 종교이다. 그래서 사람들은 성인의 특별한 특징을 모방하고 어려움이 있을 때 도와 달라고 기도한다.

『노인과 바다』에서 주요한 인물들의 이름, 노인이 하는 기도, 주인공의 집 벽에 걸려 있는 종교적인 사진은 기독교의 가치뿐만 아니라 아프리카와 스페인에 의해서 영향을 받아 온 쿠바 문화와 특별하게 관련된 로

마 가톨릭의 가치를 나타낸다.

『노인과 바다』에 등장하는 노인(Santiago)이라는 이름은 어부였던 성인의 이름을 딴 스페인과 쿠바의 주요 도시를 모두 암시한다. 카리브해의 수도로 알려진 쿠바의 산티아고는 쿠바의 남동쪽에 있다. 산티아고는 도미니카 공화국(Dominican Republic), 아이티(Haiti), 푸에르토 리코(Puerto Rico) 등과 같은 나라에 접근이 쉬워서 식민지 기간 동안 수도 역할을 했다.

한편 산티아고 데 콤포스텔라(Santiago de Compostela)로 알려진 스페인의 도시는 스페인 북서부의 수도이면서 야고보의 성지로 알려져 있다. 세인트 산티아고는 기독교 1세기 초기 스페인에서 활동한 선교사이면서 어부인 야고보의 형제이다. 그는 자기 믿음을 지키다가 서기 44년에 순교하게 되었다.

그의 유해는 스페인 콤포스텔라(Compostela)에 묻혔다. 따라서『노인과 바다』에 나오는 산티아고는 용감하고 성스러운 어부인 다른 산티아고와 연결되었다. 가톨릭 교인들은 수호 성의 도움을 갈구할 뿐만 아니라 예수님과 마리아에게도 도움을 구하는 기도를 한다.

노인은 청새치(Marlin)를 잡으면 성모송(Hail Mary) 전체를 암송하겠다고 약속하면서 도움을 청한다. 나중에 백 번 암송하겠다고 또 약속했다. 노인은 고기를 무사히 해안까지 성공적으로 가져간다면 백 번 암송하겠다고 약속했다. 마리아에 대한 또 다른 언급은 노인의 집에 예수 그리스도와 성모 마리아(Sacred Heart of Jesus and Another of the Virgin of Cobre)의 그림이 벽에 붙어 있다는 대목에서 나온다. 노인은 죽은 부인의 사진을 떼어서 깨끗한 셔츠에 싸서 선반 위에 올려놓았다. 사진을

볼 때마다 부인이 생각나기 때문에 보지 않으려고 하는 가슴 아픈 모습
이기도 하다.

On the brown walls of the flattened, overlapping leaves of the sturdy
fibered *guano* there was a picture in color of the Sacred Heart of Jesus
and another of the Virgin of Cobre. These were relics of his wife. Once
there had been a tinted photograph of his wife on the wall but he had
taken it down because it made him too lonely to see it and it was on
the shelf in the corner under his clean shirt. (16)

그러나 노인은 부인이 걸어 놓은 두 개의 종교적인 사진을 그냥 벽에
놓았다. 이것은 당시 남성들보다 여성들이 종교에 더 관심이 있고 충실
했던 라틴아메리카인의 문화 현상과 일치하고, 노인보다는 부인이 종교
에 더 관심이 크다는 것을 말해 준다. 노인의 부인이 벽에 걸어 놓은 사
진 중의 하나는 자비의 성모님(엘코브레의 성모, Another of the Virgin
of Cobre) 사진이다. 성모 마리아의 그림은 예수 그리스도의 그림처럼
전 세계의 가톨릭 교인의 집에 많이 걸려 있다.

엘코브레의 성모는 쿠바의 어머니이자 구원자로 여겨진다. 이 그림은
거의 모든 쿠바의 가정에서 찾아볼 수 있다. 쿠바에서의 엘코브레의 성
모처럼 가톨릭은 마리아를 자신들의 문화에 있어서 매우 가치 있고 중
요한 요소로 묘사한다. 노인의 집에 걸려 있는 성모 마리아 그림은 성모
마리아에게 도움을 구하는 쿠바 문화를 나타낸 것이다. 그리고 노인은
고기를 성공적으로 잡으면 성지 순례를 할 것을 약속한다.

헤밍웨이는 노벨문학상 메달을 오리엔테 지역(Oriente Province)의 엘코브레 마을에 있는 엘코브레 성모상 앞에 놓음으로써 쿠바 국민에게 노벨문학상을 헌정했다. 엘코브레 성모에 대한 가톨릭 교인의 헌신은 쿠바 문화에서 아프리카와 스페인 문화의 영향으로 인한 혼재 속에서 볼 수 있는 요소 중의 하나이다.

예수 성심은 예수 그리스도의 인류에 대한 사랑의 상징으로 교회에서 숭경의 대상이다. 예수 성심이 인류에 대한 상징으로 나타난 것은 제2위 성자이신 하나님의 위격과 예수 그리스도의 인성과의 결합에 근거하고 있다. 따라서 인류 구원에 대한 하나님의 자비심이 구세주 예수 그리스도의 마음씨에도 나타난다. 그래서 예수는 고난과 십자가의 희생으로 표현된다.

노인의 집에 걸려 있는 또 다른 사진은 예수 성심(Sacred Heart of Jesus) 사진이다. 가톨릭에서는 인류의 죄에서 인간을 구원하기 위해서 십자가의 고통을 당하신 인간의 아들(The Son of Man)이자 신의 아들(Son of God)인 예수를 경배한다. 예수님의 고통을 시각화하기 위해 가톨릭교도는 가시면류관에 둘러싸인 예수의 심장 혹은 가슴을 덮고 있는 옷에 노출된 예수의 심장을 묘사한다.

즉 가슴을 덮고 있는 옷 위에 드러난 심장(Heart)을 묘사해서 예수의 헌신을 보여 주고 많은 이들에게 전파하고자 한 것이다.

예수 성심은 매달 첫 번째 금요일에 시행되고, 이 같이 묘사된 예수의 모습을 걸어 놓은 집은 축복을 받을 것이라 믿었다. 그래서 노인의 집 벽에 예수 성심의 그림이 걸려 있었다.

또한 그 당시 로마 가톨릭의 관행에 따른 바다와 여성에 관한 시각은 바다에 대한 노인의 시각에 영향을 주었을 뿐만 아니라 여성에 관한 노인의 태도를 보여 준다.

노인에게 있어서 바다처럼 여성은 변화가 심하고 예측할 수 없는 존재이다. 아니면 엘코브레의 성모처럼 정신적인 중재자이다. 모든 경우에 바다와 여성은 실제의 세계에서 치열하게 일을 하는 남성들과는 다른 영역에 존재한다. 노인은 남성다움에 대한 인식의 일부분으로서 매일 매일 어렵고 힘든 고독을 한 치의 의심 없이 수용한다.

소년의 "남자가 할 일인걸요(It is what a man must do)."라는 말은 그 당시 라틴아메리카와 스페인에서 유행하는 남자다움(Machismo)을 표현한 것이다. 전통적인 스페인 문화에서 남성과 여성은 남자다움의 관념을 구축해 왔다. 즉 진짜 남자는 두려움 없이 고통을 인내하는, 강하고 고독한 존재라는 생각이다. 그래서 사람들은 남자는 전투, 스포츠, 일과 같은 활동에 참여했을 때 진정한 우정을 가질 수 있다고 생각했다. 고독, 인내, 힘 등이 남성의 특징을 말해 주고, 여성은 그와 같은 특징을 소유할 수 없다고 생각했다. 그리고 남자들이 만든 일이나 스포츠의 세계에서 여성들은 환영을 받지도 못했다.

"그런 말씀 마세요. 남자가 할 일인걸요."

"Que va," the boy said. "It is what a man must do." (26)

4) 쿠바의 음식

한 나라의 민족성은 다양한 방식에서 찾아볼 수 있다. 음식도 사람들의 민족성(Ethnicity)을 나타내는 하나의 방식이다. 이 작품에서 묘사된 노인의 5일간의 삶을 살펴보면 노인은 바다에서 날생선(Raw Fish)만 먹었다. 이 작품에서 묘사된 유일한 식사는 근처 카페인 테라스(Terrace)에서 소년이 가져온 것이 전부이었다. 소년은 그 당시 아바나에서 음식을 나르는 소년들이 사용한 기구와 비슷한 두 개의 칸으로 분리된 두 단 금속 그릇 속에 음식을 배달했다. 소년이 말한 것처럼 노인의 식사는 검은콩, 쌀, 바나나 튀김 그리고 약간의 스튜로 구성되었다.

"테라스에 가서 할아버지께 제가 맥주 한 잔 사드릴게요. 그리고 난 다음에 고기잡이 도구를 집으로 운반하면 되잖아요?"

"Yes", the boy said. "Can I offer you a beer on the Terrace and then we'll take the stuff home." (11)

"식사는 어떻게 하시겠어요?" 소년이 물었다

"생선하고 누런 쌀밥이 한 그릇 있겠군. 너도 먹겠니?" "아니요. 저는 이따 집에 가서 먹겠어요."

"What do you have to eat?" the boy said. "A pot of yellow rice with fish. Do you want some?" "No. I will eat at home." (16)

"너도 오래오래 살아라, 몸조심하고. 그래 우리 저녁밥은 무얼 먹지?"

171

"검은콩을 넣은 쌀밥하고 튀긴 바나나 그리고 스튜를 조금 가져왔어요."

소년은 저녁밥을 두 단짜리 놋그릇에 담아 가지고 왔다. 소년은 호주머니 속에 종이 냅킨에 싼 두 벌의 칼, 포크, 수저를 꺼내어 놓았다.

"Then live a long time and take care of yourself," the old man said. "What are we eating?"

"Black beans and rice, fried bananas, and some stew."

The boy had brought them in a two-decker metal container from the Terrace. The two sets of knives and forks and spoons were in his pocket with a paper napkin wrapped around each set. (19~20)

"이 스튜는 맛이 일품이구나." 노인이 말했다.

"Your stew is excellent." the old man said. (21)

노인은 1927년 쿠바 산티아고에서 처음으로 만들어진 아투에이 맥주 (Hatuey Beer)를 마셨다. 노인은 바다에서 집으로 돌아와서 커피를 마시는 것처럼 아침에도 고기잡이를 떠나기 전에 커피를 마신다. 헤밍웨이도 노인이 마신 음료수와 음식을 먹고 즐겼다. 노인의 탄수화물 식품도 쿠바 음식의 중요한 산물로 구성된다. 감자가 아일랜드 사람들의 중요한 식품이고 스파게티가 이탈리아인들의 중요한 식품이듯이 검은콩, 쌀, 바나나 튀김은 쿠바인들의 흔한 식품이다.

"저도 알아요. 하지만 이건 병에 든 아투에이 맥주예요. 병은 돌려주어야 해요."

"I know. But this is in bottles, Hatuey beer, and I take back th
bottles." (20)

"커피 드시겠어요, 할아버지?"
"이것들을 배에다 갖다 놓고 마시지."
노인과 소년은 어부들을 위해 이른 아침부터 문을 여는 가게에서 연유 깡통
으로 커피를 마셨다.

"Do you want coffee?" the boy asked. "We'll put the gear in the boat
and then get some."

They had coffee from condensed milk cans at an early morning place
that served fisherman. (26)

노인은 이국적인 향신료인 사프란이 추가된 음식에 특징적인 색을 포
함한 황색 쌀(Yellow Rice)을 언급했다. 아프리카계 쿠바인과 스페인 후
손인 코카시안(Caucasian), 즉 검은 피부와 하얀 피부를 한 사람들 다시
말하면 두 개의 주요한 인종 집단을 나타내기 위해서 검은콩과 하얀 쌀
을 혼합한 음식을 콩그레 또는 모로시 크리스티야노(Congre or Morosy
Cristianos)라고 불렀다. 맥주에서는 단백질을 찾아볼 수 없지만, 쌀과
검은콩은 탄수화물과 단백질을 제공한다. 노인이 먹은 스튜는 언급된
것은 없지만 소고기 아니면 해산물 아니면 새우로 만들어진 스튜일 가
능성이 크다.

노인의 음식 중의 또 다른 탄수화물은 바나나와 비슷한 플랜테인
(Plantain)이다. 노인이 먹는 바나나는 카리브해 제도 국가에서 요리해

서 먹을 수 있는 열대 과일이다. 보통 미국에서 요리하지 않고 먹는 바나나는 플랜테인의 달콤한 품종이다. 이 과일은 포루투갈 사람들에 의해서 카리브해로 도입된 것이다. 플랜테인 대부분은 중앙, 서아프리카에서 온 것이다. 아투에이 맥주는 쿠바의 맥주이고, 보통 아침에 마시는 커피는 달콤한 설탕과 따듯한 우유를 혼합해서 마신다. 커피에 우유를 첨가하기는 하지만 일반적으로 카리브해 음식은 낙농 식품이 첨가되지 않는다는 특징이 있다.

5) 담배와 술(Cigar and Rum)

1492년 콜럼버스가 쿠바에 도착했을 때 당시 원주민들은 종교의식이든 일상적인 이유에서든 담배를 애용하고 있었다. 담배 만드는 방식은 다양했다. 담뱃잎을 씹거나 즙을 내서 마시거나 잎을 말아서 피우기도 했다. 쿠바인들은 코담배(Rape)를 애용했다. 쿠바인들은 흡연하면서 둥둥 떠다니는 기분을 즐겼다. 그래서 담배는 신이 내린 선물이라고 생각했다. 쿠바인들은 담배를 새로운 생명. 다산. 성욕 등을 상징한다고 생각했다.

16세기 이후 쿠바에 팔려 온 흑인 노예들은 현실의 고통을 잊기 위해서 흡연을 시작했다. 흑인 노예들은 자욱한 연기에 싸여 있는 자신들이 신령과 교감한다고 느끼고 자신들이 처해 있는 이 고통 속에서 누군가가 구원해 주리라 생각했다. 흑인들의 담배 의식과 그들의 신앙 그리고 그들이 처해 있는 고통스러운 상황들이 결합해서 다양한 문화가 형성되었다. 한마디로 말하면 흑인 노예들이 생존하고 투쟁하기 위한 하나의 원동력이 담배였다.

사탕수수는 주요한 당 공급원이면서 설탕의 주원료이다. 1547년 스페인은 식민지인 쿠바에 사탕수수를 재배하기 시작했다. 쿠바는 사탕수수를 재배하기 위해 매우 좋은 조건을 갖추고 있었다. 풍부한 일조량, 강수량, 비옥한 토양 등이 그렇다.

사탕수수 농장주들이 설탕공장을 운영했다. 역사적으로 사탕수수는 간접적으로 미국 독립을 촉발시키는 원인이 되기도 했다. 영국의 식민지였던 북아메리카 13개 주는 쿠바의 사탕수수와 설탕을 수입하여 럼주를 만들었다. 이 럼주를 만들어서 아프리카에 수출했다. 쿠바는 북미 13개 주에 사탕수수를 수출하고 노동력 확보를 위해서 흑인 노예를 들여왔다. 1733년 영국은 쿠바의 사탕수수 수입을 제한하는 당밀 법안을 만들었다. 당밀법은 수입하는 설탕과 럼주에 관세를 엄격하게 부과했다.

북미 13개 주는 당밀법으로 세금 부담이 가중되었다. 그래서 쿠바는 무역이 어려워지게 되었다. 상인들은 식민통치에 불만을 느끼게 되었다. 그로 인해서 북미 13개 주는 저항하게 되었고 훗날 미국 독립 전쟁에 간접적인 영향을 주었다.

아이티에서는 사탕수수 농장 노예들의 반란으로 설탕 산업이 마비되었다. 그래서 아이티 설탕공장 사장들이 아이티를 떠나서 쿠바에 투자하게 되었고 쿠바는 설탕 산업이 발전하게 되었다. 사회가 발전함에 따라서 설탕에 대한 수요가 증가했다. 따라서 설탕 대용품의 개발이 이루어졌다. 사탕무를 재배하고 비트당을 생산하기 시작했다. 19세기 유럽에서는 비트당으로 쿠바의 설탕을 대신했다. 그러나 미국은 여전히 쿠바의 설탕을 사용했다. 1867년 쿠바에는 1,400여 개의 사탕수수 농장이 있었고 한 해에 70만 톤을 미국으로 수출했다. 스페인은 쿠바에서 수출하는 설탕에 세금을 올렸다. 그러자 설탕 가격이 급격하게 내려가고 그로 인해서 설탕 업자들은 빚더미에 앉게 되었다. 쿠바에 있는 설탕 업자들은 미국으로 건너갔다.

1, 2차 세계대전의 영향으로 유럽의 사탕무 생산이 감소하게 되었다. 그래서 20세기 쿠바의 설탕 산업이 호황을 누리게 되었다. 1920년 미국은 쿠바에 자본을 투자해서 설탕공장을 장악했다. 미국은 설탕 농장을 운영하기 위해 자메이카와 아이티의 노동력을 수입해 왔다. 1960년 쿠바는 기업의 국유화를 선언했다. 이로 인해 미국 투자가 손해로 이어지자 미국은 쿠바의 설탕 수입을 금지했다. 쿠바는 다양한 정치적 변화에 따른 많은 변화를 겪었지만, 설탕은 여전히 중요한 수출품 중의 하나였다.

카리브해 지역에서 럼주는 설탕 산업의 중요한 물품으로 떠올랐다. 쿠바는 세계 최대의 럼주 생산국이었다. 사탕수수 농장에서 일하는 노예들은 럼주의 힘을 빌려서 삶의 고난을 이겨 왔다. 쿠바의 럼주로는 쿠바 리브레(Cuba Libre), 다이키리(Daiquiri), 모히토(Mojito) 등이 있다. 특히 모히토는 헤밍웨이가 즐겨 마시던 술이었다.

유럽에서 럼주는 흑인 노예가 만든 술로 인식되었고 선원이나 노예들이 마시는 술로 여겨졌다. 18세기 쿠바는 유럽에 설탕을 공급하는 주요한 국가였다. 그리고 대형 사탕수수 농장주들은 증류설비를 갖추고 럼주를 생산했다. 선원이나 노예들이 마시던 술에서 스페인 귀족들의 입맛에 맞는 고급 럼주를 개발했다. 스페인은 쿠바에 경제적인 이익을 극대화하기 위해서 쿠바에 철도를 건설했다. 빠른 운반 시설 덕분에 생산한 설탕과 럼주를 쿠바 각지로 빠르게 운반했다. 아바나, 마탄사스, 시엔푸에고스, 산티아고 등이 럼주 생산지로 유명했다.

스페인 바카르디가에서 쿠바에 양조장을 세우고 새로운 증류법을 도입했다. 바카르디 럼주는 세계적으로 호평을 받았다. 1959년 바카르디 럼주 판매가 금지되고, 1878년부터 생산한 아바나 클럽럼주가 쿠바 대표 럼주가 되었다.

많은 사람이 럼주를 좋아했지만, 그중에서도 헤밍웨이가 럼주를 애호했다. 그는 주로 다이키리와 모히토를 애호했다. 흑인 노예들의 피와 땀으로 얻은 사탕수수를 증류시켜서 만든 것이 술이 되었다. 따라서 럼주는 사탕수수의 부산물이기도 하지만 흑인 노예들의 땀과 노력 그리고 농장주들의 핍박의 산물이기도 하다.

The odds would change and back and forth all night and they fed the negro rum and lighted cigarette for him. Then the negro, after the rum, would try for a tremendous effort and once he had the old man, who was not an old man then but was Santiago *El Campeon*, nearly three inches off balance. But the old man had raised his hand up to dead even again. (70)

8. 어니스트 헤밍웨이(Ernest Hemingway)

1) 전쟁의 경험과 그의 소설 형성 과정

헤밍웨이는 낚시와 사냥을 좋아하고 활동적인 사람(Outdoorsman)인 클라렌스 에드먼즈 헤밍웨이(Clarence Edmonds Hemingway)와 종교적인 생활과 음악에 재능이 있는 어머니 그레이스 홀 헤밍웨이(Grace Hall Hemingway) 사이에서 6명의 자녀 중 둘째로 태어났다. 어린 시절부터 아버지의 관심 사항을 공유하면서 자랐다. 그는 어머니와 함께 매사추세츠(Massachusetts) 주 동남부 해안 앞바다에 있는 난티켓(Nantucket) 섬에 휴가를 갔고, 그곳에서 증조부인 알렉산더 핸콕(Alexander Hancock)으로부터 증조부가 활동한 바다 이야기를 들었다. 야외와 자연의 교훈 등에 대한 유년 시절의 학습이 나중에 그의 작품에 심대한 영향을 주었다. 그는 오크 파크 앤 리버 포레스트 고등학교(Oak Park and River Forest High School)를 다녔고 그곳에서 수영, 복싱, 축구 등 운동에 적극적으로 참여했다. 학교 신문과 문예지에 글 쓰는 일에도 적극적으로 참여했다. 그는 대학 진학을 하지 않고《캔자스 시티 스타》

지의 기자로 일을 시작했다. 이 신문사에서는 가사를 쓰기 위한 지침이 있었고, 기자들에게 엄격히 지키도록 하였다. 그 규칙은 다음과 같다.

- 간결한 문장을 사용하라(Use short sentence).
- 서두의 한 구절은 특히 짧게 하라(Use short first paragraph).
- 박력 있는 언어를 사용하라(Use vigorous English).
- 긍정문을 쓰고 부정문을 쓰지 말라(Be positive not negative).
- 낡은 속어를 쓰지 말라(Never use old slang).
- 속어가 재미있으려면 선한 것이야 한다(Slang to be enjoyable must be fresh).
- 형용사를 쓰지 말라. 특히 훌륭한, 화려한, 웅대한 등의 거창한 형용사를 사용해서는 안 된다(Avoid the use of adjectives, especially such extravagant ones as splendid, gorgeous, grand, magnificent etc).

《캔자스 시티 스타》지에서 기자로서 항상 갈고 닦고 열심히 일했던 경험은 후일 그의 문학적 문체에 심대한 영향을 주었다. 그의 문체의 특징 중의 하나는 간결하지만, 함축적인 내용을 포함한다는 것이다. 이런 문체의 특징은 기자 시절 그가 받았던 훈련을 통해서 비롯된 것이라 할 수 있다. 그는 나중에 "내가 학습한 가장 좋은 규칙(The best rules I ever learned in the business of writing)이 캔자스에서 배운 글쓰기 기법"이라고 회고하기도 했다. 유년 시절의 부모님과 고등학교 및 졸업 후 기자로서의 그의 경험은 그의 문학 활동에 심대한 영향을 주었다 할 수 있다.

1차 세계대전(World war I) 때 군대 지원을 했으나 왼쪽 눈이 좋지 않아서 거부당했다. 그래서 이탈리아 적십자 구급차를 운전하고 이탈리아 군에게 초콜릿과 같은 배급품을 운반하는 일을 했다. 밀라노(Milano)에 있는 적십자병원에서 심한 부상을 회복하는 동안 간호사인 아그네스 폰 쿠로브스키(Agnes Von Kurowsky)와 사랑에 빠졌다. 그러나 나중에 너무 어리다고 딱지를 맞았다. 1차 세계대전의 경험은 후일 『무기여 잘 있거라』(A Farewell to Arms)이라는 유명한 전쟁소설을 집필하는 데 귀중한 경험이 된다. 이 같은 경험은 전쟁소설의 주제에 크게 이바지한다. 즉 전쟁의 잔인함과 어리석음, 탐욕스러운 물질주의, 전쟁을 유발하는 권력(힘)의 탐구, 전쟁을 미화하는 관념, 참고 인내하는 것 등의 주제를 다루는 데 많은 영향을 미쳤다.

《토론토 스타》지의 해외특파원으로서 그는 파리에 간다. 서우드 엔더슨(Sherwood Anderson)의 추천장을 가지고 거트루드 스타인 (Gertrude Stein)에게 간다. 그곳에서 유명한 해외 거주자들과 우정과 교분을 쌓는다. 이후 단편 소설집인 『우리 시대』(In Our Time)를 출판한다. 그리고 스페인의 팜플로나(Pamplona)를 여행하면서 투우경기를 경험하고 이것은 나중에 『태양은 다시 떠오른다』(The Sun Also Rises)의 작품의 기본적인 배경이 된다. 『태양은 다시 떠오른다』는 파리와 팜플로나에서 국외 거주자들에 관한 이야기다. 이 책의 서문(Epigraph)에서 거트루드 스타인은 다음과 같은 말을 했다.

"당신은 모두 잃어버린 세대이다(You are all lost generation)." 잃어버린 세대(Lost Generation), 이 구문은 삶의 무의미함과 헛된 삶에 대한 그들의 태도 등 1차 세계대전 이후 세대들의 태도에 관해 자주 언급한 구문이었다. 전쟁으로 인해서 모든 것을 잃은 세대가 삶의 의미를 잃고 아무것도 하지 못하고 중심을 찾지 못한 것에 대한 언급이라 할 수 있다.

1928년 그는 플로리다 키웨스트(Key West)에 가서 낚시를 한다. 그해에 아버지가 자살했고 그 후 1932년에 아바나(Havana)에서 두 달간 낚시 여행을 한다. 거기에서 청새치(Marlin) 낚시를 하는데, 그곳에서의 경험이 『노인과 바다』(*The Old Man and the Sea*)의 기반이 된다. 1933년 쿠바 해변에서 계속 낚시를 하던 헤밍웨이는 파리로 갔다. 그리고 다시 아프리카 케냐(Kenya)로 사파리 여행을 간다. 이 사파리 여행이 『아프리카의 푸른 언덕』(*Green Hills of Africa*)의 배경이 된다.

파리특파원으로서 그는 스페인 왕당파를 위한 모금 운동을 시작한다. 1937년에는 스페인 내전을 취재하기 위해서 전쟁 특파원으로 스페인에 갔다. 이 스페인 내전은 나중에 『누구를 위해서 좋은 울리나』(*For Whom The Bell Tolls*)를 비롯한 많은 작품의 기반을 제공한다. 이 작품의 궁극적인 목적은 파시즘에 대한 전 세계의 민주주의 국가들의 무관심과, 파시즘에 대항해서 싸워야 하는 절박한 필요성을 역설하는 것이다.

1939년 그는 핀카 비히아(Finca Vigia)로 이사했다. 그곳은 아바나(Havana) 근처에 있는 곳이다. 2차 세계대전(World War II)이 시작되었을 때 그는 미국해병대에 자원했다. 쿠바 앞바다에 있는 독일 잠수함을 잡기 위해 자신의 고기잡이 보트인 필라(Pilar)를 준비해서 미국해병대 수색대(Spotter)로 참여했다. 1944년에는 그는 미국 잡지 《콜리어스》(*Collier's*) 종군특파원으로 전쟁을 취재했다. 미군 4보병대(U. S. Fourth Infantry Division)로 파리 해방전에 참여했다. 전쟁 후에는 『뉴욕 타임스』의 특파원인 네 번째 부인 메리 웰시(Mary Welsh)와 결혼했다.

그는 2차 세계대전의 경험을 바탕으로 해서 메리와의 사랑을 그린『강을 건너 숲속으로』(*Across The River Into The Tree*)를 출판했다. 현대 사회에서 전쟁에 대한 절묘한 기록으로 이 책은 이전 작품보다 더 상징적이고 덜 사실적인 작품으로 평가되었다. 그러나 1952년『노인과 바다』로 명성을 회복했고 1953년 퓰리처상(Pulitzer Prize)을 수상했다. 그리고 그다음 해인 1954년 노벨문학상(Nobel Prize for Literature)을 받았다. 노벨상 위원들은 강력한 문체의 힘과 대화의 효과를 문학적인 업적으로 언급했다. 그리고 헤밍웨이를 폭력과 죽음으로 그늘진 현실 세계에서 선한 싸움(Fights the Good Fights)을 한 사람으로 칭송했다. 1959년 아이다호(Idaho) 주 케첨(Ketchum)에 거주한다. 당뇨와 고혈압, 우울증으로 건강이 악화된다. 1960년 스페인 투우경기 관람을 한다. 그 후 60세 생일 축하를 받고 메이오 클리닉(Mayo Clinic)에서 두 번의 전기충격 치료를 받았지만 별 효과를 보지 못하고 1961년 7월 2일 케첨에서 엽총으로 자살을 했다.

전 세계가 그의 죽음을 애도했다. 많은 작품이 유작으로 출판되었다. 『움직이는 향연』(*A Movable Feast*)이 1964년 출판되었다. 이 작품에는 그가 파리에서 알고 지낸 문학적으로 유명한 사람들에 대한 모욕적인 표현들이 포함되어 있었다. 1970년대에 반 자서전적인 소설『해류 속의 섬들』(*Island in the Stream*)을 출판했다. 화가, 폭력적인 죽음, 외로움, 가족과의 관계에 관해 카리브해를 배경으로 쓰인 작품이다. 1985년에『위험한 여름』(*Dangerous Summer*)이 출판되었다. 이 작품은 1960년대에 그가 스페인에서 관람했던 투우경기를 기반으로 쓰였다. 1986년에는 두 여성과 한 남성과의 사랑을 다룬『에덴의 정원』(*The Garden of*

Eden)이 출판되기도 했다.

한 작가를 평가한다는 것은 참으로 어렵고도 힘든 일이다. 그렇지만 현실적으로 우리가 알고 있는 것들을 기반으로 작가를 평가할 수밖에 없다. 어니스트 헤밍웨이(Ernest Hemingway), 그는 어떤 작가이고 누구인가? 그는 운동을 좋아하는 외향적인 성격을 가진 기자로서 전쟁터에 자진해서 참전하는 등 자신의 의지와 생각을 적극적으로 표출하는 작가였다. 특히 스페인 내전의 참전과 파시즘에 대항하는 활동을 보면 서재에서 글만 쓰는 평범한 작가는 아니다.

1, 2차 세계대전 이후 정신적으로 많은 젊은이가 방황하고 있을 때 그는 인간의 욕심과 탐욕에 의해서 발생한 전쟁에 참여하여 잘못된 것을 바로잡겠다는 의지를 불태우던 사람이었다. 눈이 좋지 않아서 최전선에서 싸우지는 못했지만, 자신이 할 수 있는 일을 찾아서 하는 행동으로 실천하는 작가였다. 그리고 그런 경험들을 바탕으로 작품을 완성한 작가였다.

또한 그는 여행을 좋아하는 작가였다. 스페인, 파리, 중국, 아프리카 등 세계 곳곳을 여행한 작가였다. 그곳에서 보고 느낀 것들을 기반으로 작품을 구상하고 출판했다. 그중에서 쿠바에서 생활과 경험 그리고 그 경험들을 바탕으로 쓴『노인과 바다』는 그의 인생에서 최고의 절정기에 이르게 해 주었다.『노인과 바다』는 단순히 헤밍웨이가 쿠바에서 생활한 경험의 산물이라고 생각해서는 안 된다. 온갖 경험과 여행을 통해서 형성된 넓은 세상을 바라보는 작가의 인생관 및 통찰력이 발휘된 작품이라 볼 수 있다.

2) 헤밍웨이 연보

1899년(출생) 시카고 오크파크(Oak Park, Illinois, USA.)에서 의사인
아버지와 음악을 좋아하는 어머니 사이에 2남 4녀 중 둘
째로 태어났다.

1913년(14세) 오크 파크 앤 리버 포레스트 고등학교 입학(Oak Park
and River Forest High School)

1915년(16세) 고교 신문 『트래피즈』(*The Trapeze*)에서 글을 쓰기 위
한 활동을 시작했다.

1917년(18세) 고등학교 졸업하고 캔자스 시티 스타 사 기자가 되었다.

1918년(19세) 《캔자스 시티 스타》지의 기자를 그만두고 1차 세계대
전 참전. 4월 1차 세계대전 때인 1918년 적십자 야전병
원 수송차 운전병으로 이탈리아 전선에서 근무하다 중
상을 입고 밀라노(Milano) 육군병원에 입원했다. 입원
당시 간호사였던 아그네스 폰 쿠로브스키(Agnes Von
Kurowsky)와 사랑하게 되었다.

(*1차 세계대전 기간: 1914. 7. 28.~1918. 11. 11.)

1919년(20세) 전상 때문에 제대하고 오크 파크로 돌아왔다.

1920년(21세) 캐나다의 토론토에서 《토론토 스타》지의 기자가 되었
고 가을에 시카고에 돌아와서 셔우드 앤더슨(Sherwood
Anderson) 및 다른 작가들과 교류하게 되었다.

1921년(22세) 8세 연상인 해들리 리차드슨과 결혼하고 토론토에 살
았다. 《토론토 스타》지의 특파원으로 부인과 함께 파리

여행을 했다.

1922년(23세) 앤더슨의 소개로 거트루드 스타인(Gertrude Stein)과 시
인인 에즈라 파운드(Ezra Pound) 등과 교류하게 되었
다. 스위스 챔비(Chamby), 포살타를 비롯한 북이탈리
아를 여행했다. 또한 그리스-터키 전쟁을 취재하기 위
해 터키의 콘스탄티노플(Constantinople)을, 로잔평화
회의(Peace Conference, Lausanne Conference)를 취재
하기 위해 스위스 로잔을 방문했다.

1923년(24세) 북이탈리아를 여행하면서 라팔로에 있던 시인 에즈라
파운드를 방문했다. 스페인 아랑후에즈로 가 투우를 구
경했고, 팜플로나로에서 산 페르민 축제를 관광했다.

1924년(25세) 「인디언 캠프」 집필을 시작했다. 『우리들의 시대에』를
출간했고, 「의사와 그의 아내」, 「두 개의 심장을 가진 큰
강」을 완성했다.

1925년(26세) 「두 개의 심장을 가진 큰 강」을 발표했다. 『태양은 다시
떠오른다』를 쓰기 시작했다. 「패배를 모르는 사나이」를
발표했다.

1926년(27세) 『태양은 다시 떠오른다』를 출판하고, 잃어버린 세대
(Lost generation)의 작가로 이름을 알렸다. 파리에서
셰익스피어 앤 컴퍼니에서 존 도스 패소스(John Dos
Passos), 제임스 조이스(James Joyce) 등과 교류하게 되
었다.

1927년(28세) 「살인자」, 「달을 위한 카나리아」, 「이국에서」, 「오만 달

러」,「흰 코끼리의 산」,「여자 없는 세계」,「여섯 번째 책」을 발표했다.

1928년(29세)『무기여 잘 있거라』를 집필하기 시작했다. 귀국하여 플로리다 주 키웨스트에서 1938년까지 살았다. 차남 패트릭이 태어났다. 12월 6일 아버지가 오크 파크에서 권총 자살을 했다.

1929년(30세)《스크리브너즈 매거진》(*Scribner's magazine*) 지에서「무기여 잘 있거라」를 연재했고, 그해 9월『무기여 잘 있거라』를 출판했다.

1930년(31세)「와이오밍의 포도주」를 발표했다.

1931년(32세) 스페인 여행과 투우에 관한 책인『오후의 죽음』을 집필했다.「바다의 변화」를 발표했다.

1932년(33세) 9월에『오후의 죽음』을 출판했다.

1933년(34세)「정결하고 조명이 잘된 장소」,「스위스 찬가」,「신이여 신사 제현에게 즐거운 휴식을 주소서」를 발표했다.『승자에겐 아무것도 주지 말라』를 출판했다. 세렝게티 평원에서 두 달간 사파리 여행을 하기 위해서 아프리카로 출발했다.

1934년(35세) 아메바성 이질에 걸려 비행기로 이송되어 나이로비 병원에 입원했다가 다시 사파리 여행을 시작했다.『아프리카의 푸른 언덕』을 집필하기 시작했다.

1935년(36세)《스크리브너즈 매거진》지에「아프리카의 푸른 언덕」을 연재하고, 10월『아프리카의 푸른 언덕』을 출판했다.

1936년(37세) 7월 스페인 내전이(1936. 7. 18.~1939. 3. 27.) 발발했
다. 「킬리만자로의 눈」을 《에스콰이아》 지에 발표했다.
「프랜시스 메코머의 짧고 행복한 생애」를 《코스모폴리
탄》(*Cosmopolitan*) 지에 발표했다.

1937년(38세) 스페인 내전에 대한 급보기사를 《북아메리카 신문연합》
(*NANA*)에 제공하기로 약속하고 보도활동을 하였다.
뉴욕에서 열린 미국작가회의에서 "파시즘은 거짓말이
다(Fascism is a Lie)."라는 연설을 하였다. 10월 『가진 자
와 못 가진 자』를 출판했다.

1938년(39세) 『제5열과 최초의 49단편들』을 출판했다.

1939년(40세) 아바나 근처에 있는 핀카 비히아로 이사했다. 「다리 위
의 노인」(Old Man at the Bridge, 원제목: "The Old Man
at the Bridge")을 발표했다. 9월 1일, 2차 세계대전이 발
발했다.

(*2차 세계대전 기간: 1939. 9. 1.~1945. 9. 2.)

1940년(41세) 7월 『누구를 위하여 종을 울리나』를 탈고하고 10월에 출
판했다. 10월 폴린과 이혼하고 아사 겔혼과 세 번째 결
혼을 했다.

1941년(42세) 『누구를 위하여 종을 울리나』로 한정 출판 클럽(Limited
Edition Club)으로부터 금메달을 수여받았다.

1942년(43세) 어선 필라(Pilar)를 개조해서 반나치 운동을 했다.

1944년(45세) 《콜리어스》(*Collier's*) 지 특파원 자격으로 전쟁을 취재
하였다. 6월 노르망디 해안 상륙 작전을 취재하였다. 실
비아 비치(Sylvia Beach)가 운영하는 셰익스피어 앤 컴

퍼니에서 작가들과 교류를 했다.

1945년(46세) 2차 세계대전이 종식되었다. 마사와 이혼했다.

1946년(47세) 메리 웰시와 4번째 결혼을 했다. 『에덴 동산』집필을 시작했다.

1948년(49세) 쿠바에서 집필에 전념했다. 『멕시코만류의 섬들』집필을 시작했다.

1949년(50세) 메리와 함께 북이탈리아를 취재했다. 『강을 건너 숲속으로』를 집필했다.

1950년(51세) 「강을 건너 숲속으로」를 《코스모폴리탄》지에 연재했다. 9월 『강을 건너 숲속으로』를 출판했다. 『멕시코만류의 섬들』을 완성했다.

1951년(52세) 모친 그레이스가 사망했다.

1952년(53세) 《라이프》(Life) 지에 「노인과 바다」를 전편 게재했다. 9월 8일, 『노인과 바다』를 출판했다.

1953년(54세) 5월 4일, 『노인과 바다』로 퓰리처상을 수상했다. 아프리카 사파리 여행을 했다.

1954년(55세) 10월 28일, 노벨문학상을 수상했다.

1955년(56세) 메리와 함께 쿠바 여행을 했다.

1957년(58세) 『움직이는 축제일』, 『에덴동산』의 집필을 계속 진행했다.

1959년(60세) 『위험한 여름』집필을 시작했다.

1960년(61세) 『움직이는 축제일』을 완성했다. 「위험한 여름」이 《라이프》지에 게재되었다.

1961년(62세) 『킬리만자로의 눈과 가타 단편들』을 출간했다. 7월 2일,

엽총으로 생을 마감했다.

1964년(사후 3년) 『움직이는 축제일』이 출간되었다.

1985년(사후 24년) 『위험한 여름』이 출간되었다.

1986년(사후 25년) 『에덴동산』이 출간되었다.

아버지가 아들에게 하고 싶은 말

인생이란 여행은 목적지가 있는 게 아니고 그 과정 속에서 사회와 가족들을 보살피면서 즐겁고, 행복하고 때론 쉬고 하는 과정인 것 같다. 인생이란 여행에서 목적지에 도달하는 것은 목표가 절대 될 수 없다. 이런 측면에서 인생을 살아 보니 인생을 어떻게 살아야 하는지에 대해서 누군가 너에게 가르쳐 주는 것도 한계가 있고, 네가 살면서 깨닫는 것도 어느 정도 한계가 있다는 것을 알게 되었다. '인생을 어떻게 살아야 하는가?'에 대한 것을 가르쳐 주고 배우는 것은 머리로 받아들이기는 하지만 실생활에서 옮기기는 쉽지 않다. 오롯이 너의 지식, 지혜, 경험, 의지를 통해서만 가능하다. 그 부분에 조금이나마 도움이 되고자 너에게 하고 싶은 말을 쓴다.

책이나 강의를 통해서 인간관계를 어떻게 해야 하고, 어떻게 하면 행복하게 살 수 있는지 등등에 관해서 배우고 듣고 한다. 그렇지만 아무리 듣고 배워도 실생활에서는 잘 적용되지 않는다는 것을 알게 된다. 너도 학교에서 친구들과 관계에서 스트레스를 받아서 힘들어 본 적이 많이 있다고 말한 기억이 난다. 공부나 사업을 하듯이 인생을 살아가는 데도 많은 노력이 필요하다. 네가 배우고 들은 내용들을 인내심을 가지고 꾸준히 노력하고 실천해야 한다. 사람들 중에는 인생을 살아가는 데는 그렇게 노력을 하지 않아도 된다고 생각하는 사람들도 있다. 공부나 사업만큼 네 인생도 매우 중요하다. 따라서 많은 생각과 노력을 해야 한다.

일반적으로 인생을 살면서 깨닫는 것 중에는 일정 시간이 지난 후에야 알게 되는 것들이 있다. 물론 이 깨달음이 도움이 안 되고 필요 없다는 말은 아니다. 고등학교를 졸업하고 나서 네가 다시 고등학교 다닌다면 내신 성적을 잘 받을 수 있을 것 같다고 말한 것이 생각난다.

그렇지만 이런 깨달음을 통해서 인생에 변화를 주려고 노력한다면 이런 깨달음은 살아가는 데 많은 도움이 될 뿐만 아니라 발전에도 큰 힘이 되리라고 생각한다. 대부분 시간이 지난 후에도 깨닫지 못하는 사람들도 있고 깨닫고도 이제 소용없는 일이라고 생각하는 사람들이 많다. 이런 태도는 바람직한 태도는 아니다.

내가 30대에는 운동을 안 하고 직장생활만 하다 보니 비만과 같은 각종 질병에 시달리게 되었다. 그러던 어느 날 수업에 들어가려는데 갑자기 어지러워서 한참을 있다 들어간 적이 있다. 그때 이대로는 안 되겠다는 생각이 들어서 바로 운동을 시작했다. 그때부터 지금까지 꾸준히 운동을 해서 많이 좋아졌고, '아~ 내가 그때 참 잘했구나.' 하는 생각을 하면서 생활을 하고 있다. 만일 그때 운동을 해야 되겠다는 것을 깨닫고도 운동을 하지 않았다면 지금의 내 삶의 질은 많이 떨어졌을 것이고 건강도 더 나빠졌을 것이다.

인생을 살면서 순간순간의 깨달음이 네 삶의 질을 향상시킬 수 있는 기회라고 생각하고 소홀히 생각하지 않았으면 한다. 깨닫는 순간부터 실천에 옮기는 것이 삶의 질을 향상시킨다는 사실을 꼭 생각했으면 좋겠다.

결혼 전에 결혼이란 것이 어떤 것이며, 가정을 꾸민다는 것이 어떤 것인지 전혀 생각하지 않았고, 알려고 하지도 않았다. 직장을 얻고 때가 되고 좋은 여자 만나면 결혼하는 것이라고만 생각했다. 취업을 한 후에 결혼해서 아이들을 낳고 너를 양육하기 위해서 성실하게 생활하고 건강하게 가정을 이끌어 가면 된다는 생각으로 열심히 살아왔다. 그러나 네가 성장함에 따라서 전혀 생각하지도 못했던 일들이 나타나기 시작하면서 당황하기 시작했다.

사실 아빠가 네가 초등학교 6학년과 중학교 2학년 때 사춘기로 인해 많은 어려움을 경험하면서 아버지로서 많은 반성과 생각을 하게 되었다. '왜 이런 일이 발생했을까?'라고 생각하면서 내린 결론은 내가 너에게 신뢰를 보내지 못하니 너 또한 나를 못 믿고 친구들과 이야기하는 것이 더 편해서 밖으로 돌고 아빠와 이야기하는 것을 피하는 현상이 발생했다는 것이었다. 많이 속상했고, 후회했고, 마음이 아팠다.

그러나 한편으로는 지금이라도 아빠 나름의 원인을 찾은 것 같아서 다행이라고 생각했고, 직장생활을 열심히 하는 것처럼 너에게도 노력하는 아빠가 돼야겠다는 생각을 했다. 사실 이전까지는 '부모 자식 간에 무슨 노력이야. 그냥 열심히 살면 되지.'라고 생각했었다. 지금 생각하면 참으로 어리석었다.

지금도 생각나는 일은 네가 중학교 2학년 1학기 때 친구와의 갈등으로 힘들었을 때 아빠가 너의 손을 잡고 "놀랐지. 네가 잘못한 것을 친구에게 잘못했다고 사과하면 좋겠다."라고 말한 기억이 난다. 너는 친구에게 잘못을 사과했고 그 일이 잘 마무리되었지. 아빠 생각에는 그날 너와 내가 처음으로 교감하고 조그만 신뢰의 씨앗을 뿌린 것 같아서 너무 기뻤다. 그 후로 아빠는 너에게 조금씩 조금씩 신뢰를 보내는 노력을 하였다. 하루아침에 좋아지지 않았지만 아들에 대한 믿음과 함께 노력을 하다 보니 재미있고, 보람 있고, 흐뭇한 마음이 가득해서 참으로 행복했다.

아빠는 네가 좋은 직장, 돈, 명예 등을 얻는 것도 좋겠지만 그보다 행복한 삶을 살았으면 좋겠다. 아빠는 네가 행복한 삶을 사는 것이 제일 중요하다고 생각한다. 목표지향적인 사람들 중에서는 삶은 목표를 이루기 위서 다른 모든 것들은 희생해도 된다고 생각하는 사람들이 많다. 시간적·물질적 여유가 있는 사람들이 항상 행복한 삶을 사는 것은 아니다. 시간적·물질적 여유가 없어도 행복할 수 있고 그 반대도 있을 수 있다. 중요한 것은 삶 속에서 행복한 삶을 추구하려고 노력하는 사람과 그렇지 않은 사람은 삶의 질에 차이가 많다는 사실을 꼭 기억했으면 좋겠다.

자존감을 높이는 방법이 많이 있는데, 가장 좋은 방법은 기부라고 생각한다. 세상은 혼자 살 수 없고 더불어 살 수밖에 없다. 이웃이 없으면 나도 없고 이웃이 존재해야 내가 존재하는 것이다. 앞서 말한 두 가지는 아빠가 경험이 없어서 경험을 말하지 못하지만 기부는 아빠가 경험이 있어서 그 경험을 말하고자 한다.

아빠는 집안이 넉넉하지 못해서 대학 등록금을 내기 힘든 상황이었다. 그런데 다행히도 전액 장학금을 받아서 힘들게 학자금을 벌기 위해 아르바이트를 하지 않고도 책을 볼 수 있고 학업에 전념할 수 있는 행운을 얻게 되었다. 졸업 후 언젠가 내가 직장을 얻고 돈을 벌면 내가 대학 때 받았던 장학금의 혜택을 사회에 환원하겠다는 생각을 하고 살았다. 결혼 후에 기부라는 것이 여유가 생겨서 하는 것이 아니라는 생각을 하게 되었고, 엄마의 동의를 구한 후에 어려운 사람들을 도와주는 곳에 기부를 해 왔다.

대학 때 받았던 장학금 그 이상을 기부한 것 같다. 꼭 내가 도움을 받았으니까 기부해야 한다는 것은 아니었다. 아빠는 인간은 살고 있는 사회에서 보이지 않는 많은 혜택을 받았기 때문에 자신이 받은 혜택을 그 사회에 돌려줄 의무가 있다고 생각한다. 열심히 노력하고 힘들게 번 돈을 너의 주변의 어려운 사람들에게 베풀면서 살면 이웃도 좋고 너와 가족도 행복하고 자존감도 높아져서 만족스런 삶을 살게 될 거라 생각한다.

마지막으로 하고 싶은 말은 유년기 및 청소년기의 경험이 매우 중요하다는 것이다. 내가 그런 경험이 없다 보니 너에게 많은 경험을 할 수 있는 기회를 제공하는 양육을 하지 못한 것이 매우 아쉽다. 너는 너의 자녀를 아빠처럼 양육하지 말고 소소하지만 다양한 삶의 경험들을 체험할 수 있는 양육을 유년시절부터 꼭 했으면 한다. 아빠는 생일날이 되면 케이크를 앞에 놓고 노래를 부르는 일이 지금도 매우 어색하게 느껴진다.

왜 그런지 생각해 봤다. 시골에서는 생일이면 할머니가 끓여 주신 미역국이면 끝이다. 생일 선물도 케이크도 노래도 받아 보지 못했다. 그렇다고 할머니와 할아버지를 원망하는 것은 아니다. 그렇다 보니 결혼하고 아빠 생일에 케이크 앞에 앉아 있는 내 모습이 어색했다. 그런 경험이 많이 부족해서 그렇다. 가족 간에는 사소하다고 생각하지 말고 그때그때 맞는 일들을 자녀들과 함께해야 가족 간의 유대가 강화된다. 우리가 식탁에서 하루 동안 또는 일주일간 있었던 일들을 이야기하면서 시간을 보내는 것처럼 말이다.

아빠는 네가 앞으로 살아가면서 꼭 생각하고 살았으면 하는 말을 언젠가는 어떤 방식으로든 전해 주어야겠다는 생각을 하고 있었다. 마침 이번에 책을 쓰면서 이번 기회에 너에게 글을 쓰게 되었다. 앞으로 네가 살아가는 인생에서 조금이라도 도움이 되었으면 하는 바람이다. 2022년, 인생에서 힘든 재수의 길을 선택한 너를 보면서 아빠로서 도움이 많이 못돼서 항상 미안한 마음이다. 그렇지만 아무 내색하지 않고 성실히 생활하는 모습을 보면 대견하고 잘할 것이라 생각한다. 지금처럼 우리 서로 즐거운 일과 어려운 일을 함께하면서 살아가면 좋겠다.

2022년 1월 26일
사랑하는 아빠가

참고문헌 ··

양성희, 『쿠바 잔혹의 역사 매혹의 문화』, 북돋음, 2007.
어니스트 헤밍웨이, 황종호 역, 『노인과 바다』, 하서, 1997.
소수만, 『어니스트 헤밍웨이』, 동인, 2006.

Ernest Hemingway, *Death in the Afternoon*, London Jonathan
            Cape 30 Bedford Square, 1955.
Ernest Hemingway, *The Old Man and the Sea*, SCRIBNER
            PAPERBACK FICTION Simon & Schuster Inc.,
            1995.
Jeanne Sallade Criswell, M.F.A., *The Old Man and the Sea*, IDG
            BooksWorldwide, Inc., 2001.
Jeffery Meyers, *Hemingway: A biography*, Harper & Row,
            Publishers : New York, 1985.
Patrica Dunlavy Valenti, *Understanding The Old Man and the Sea*,
            CREENWOOD Press Westport : Connecticut.
            London, 2002.